GW01398533

WRITERS REPUBLIC

Senderismo y Descubrimiento

EN

INGLATERRA

LIBRO 1 -

EXPLORADOR
EL NORTE

Linda Loder

Copyright © 2024 by Linda Loder.

All rights reserved. No part of this book may be reproduced in any form or by any electronic or mechanical means, including information storage and retrieval systems, without permission in writing from the publisher, except by reviewers, who may quote brief passages in a review.

This publication contains the opinions and ideas of its author. It is intended to provide helpful and informative material on the subjects addressed in the publication. The author and publisher specifically disclaim all responsibility for any liability, loss, or risk, personal or otherwise, which is incurred as a consequence, directly or indirectly, of the use and application of any of the contents of this book.

WRITERS REPUBLIC L.L.C.
515 Summit Ave. Unit R1
Union City, NJ 07087, USA

Website: *www.writersrepublic.com*
Hotline: *1-877-656-6838*
Email: *info@writersrepublic.com*

Ordering Information:
Quantity sales. Special discounts are available on quantity purchases by corporations, associations, and others. For details, contact the publisher at the address above.

Library of Congress Control Number:		IN-PROCESS
ISBN-13:	979-8-89100-575-4	[Paperback Edition]
	979-8-89100-576-1	[Digital Edition]

Rev. date: 09/08/2024

DEDICACIÓN

A Trevor, mi socio y compañero de viaje que ayudó a que todo esto sucediera.

PREFACIO

Mientras me siento frente a la computadora pensando en nuestras vacaciones perdidas debido a una pandemia mundial, recuerdo todas las vacaciones que la precedieron y me siento agradecido de tener esos recuerdos en fotos y en mente para disfrutarlos hasta que podamos volver a salir del país para "viajar". a lugares lejanos y cercanos.

Estar confinados en este momento es necesario para contener la propagación del virus pero, como personas, no estamos hechos para estar confinados. Estamos destinados a mirar nuestro mundo, explorarlo y descubrirlo, no permanecer aislados y confinados en un mundo estrecho de rutinas y responsabilidades. Afortunadamente, nuestra mente no necesita estar confinada y aún podemos buscar posibilidades de viaje una vez que se levanten las restricciones y seamos libres nuevamente para explorar.

Este periodo de tiempo también nos permite reflexionar sobre la importancia de viajar para descubrir quiénes somos y qué es importante para nosotros. Sin esta oportunidad de mirar y ver otras opciones además de las que nos rodean, permanecemos ajenos a formas alternativas de hacer las cosas, otras perspectivas de vivir y ser.

Personalmente, si bien pasé mi vida adulta en Canadá absorbiendo los valores de adquisición norteamericanos, grandes casas, grandes automóviles, grandes ciudades y grandes distancias necesarias para viajar a todas partes, las nociones con las que crecí eran superficiales y no penetraban en el núcleo. de mi personaje. Me siento más a gusto con "pequeña escala, distancias cortas, vida moderada y valores minimalistas. No me di cuenta de esto hasta que en 1970 hice mi primer viaje a Gran Bretaña. Entonces descubrí, y en muchos viajes posteriores, que me siento más como en casa, lejos de las multitudes, en plena naturaleza, conduciendo distancias cortas y viviendo en pequeñas cabañas. Si bien aprecio mi nivel de vida en Canadá, también aprecio la capacidad de nutrir mi alma en los espacios alternativos que he encontrado en el campo de Inglaterra y Gales. Me encantan los espacios y huellas de nuestra historia que se encuentran en el paisaje. Me encantan los senderos para caminar repartidos generosamente por todo el terreno. Me encanta la cercanía de la naturaleza cuando a menudo hemos compartido nuestras caminatas con ovejas, caballos, vacas, conejos y pájaros mientras viven su vida y nos dejan pasar. Me encanta "descubrir" los secretos de la historia que se encuentran en el paisaje y los héroes históricos y gigantes literarios que han ayudado a moldearnos a nosotros y a nuestro presente.

Para hacer estos descubrimientos es necesario caminar y no pasar rápidamente por la autopista. Es necesario desentrañar lentamente los secretos de la naturaleza que descubrimos durante nuestros paseos: las plantas, los animales, los secretos de un pasado industrial y geológico que ha dejado su huella. Para mí es una actitud de huella digital hacia la exploración. La huella del pulgar colocada en un mapa grande cubre muy poco territorio, pero dentro de sus límites se pueden encontrar tesoros de la naturaleza y reliquias de tiempos pasados que inspiran curiosidad y la necesidad de saber más. Sin embargo, este viaje lento sólo es posible en una sociedad que ha tenido siglos para pulir su huella histórica y la previsión de preservarla para las generaciones futuras en sus parques, senderos y monumentos históricos.

Europa ofrece esta perspectiva y en particular Gran Bretaña que ha sido el país que más nos inspira a regresar una y otra vez. Es este país el que me gustaría presentarles en prosa e imágenes. Esperamos ansiosamente el momento en que podamos visitarlo y, mientras tanto, quiero compartir con ustedes una experiencia indirecta de *"Senderismo en Inglaterra" y "La alegría del descubrimiento"*.

En este libro, *"Senderismo y descubrimiento"* en Inglaterra, me gustaría presentarles las posibilidades de recorrer los hermosos senderos tanto del interior como a lo largo de la costa de este país insular. Estos caminos están bien marcados, bien documentados, abiertos al público y no son enclaves privados de desarrolladores y ricos. También son de fácil acceso y no requieren la resistencia ni la forma física de un súper atleta.

Por nombrar algunos de los senderos costeros: está el *sendero costero suroeste,* ubicado principalmente a lo largo de las costas de Dorset, Devon y Cornwall, *la costa norte de Norfolk y la costa este de Yorkshire.* Estos senderos tienen todo lo que uno podría desear en el senderismo, incluida la relajante presencia del mar, hermosos paisajes, abundante vida silvestre y acceso a las comodidades de paradas ocasionales en cafés en pequeños pueblos que se encuentran a lo largo de su recorrido.

También hay caminos interiores a través de *Yorkshire Dales y Yorkshire Moors; las colinas y montañas del Distrito de los Lagos; las colinas del Peak District en Midlands y a través de los ondulados bosques de Cotswold's y Shropshire Hills.* Todo es hermoso y accesible para aquellos que quieran disfrutar del aire libre mientras se mantienen en forma y libres de las multitudes y los costos asociados con muchas vacaciones organizadas.

La elección de hacer senderismo durante las vacaciones fue una decisión que surgió de varios factores diferentes. Si bien nos encanta caminar y estar al aire libre, personalmente necesitábamos *reequilibrar nuestra vida. Habíamos atravesado un período de agitación y para sentirnos más en control de nuestra vida, queríamos centrarnos en una actividad de la que nuestra mente y nuestro cuerpo pudieran beneficiarse en muchos niveles.* Esto se logró y recordamos nuestras vacaciones con gran orgullo y placer. Representan el orgullo de los logros, el disfrute de la planificación y el placer de hacer senderismo en la incomparable belleza de la campiña británica. Qué viaje fue y sigue siendo mientras elegimos nuevos objetivos de senderismo durante nuestras vacaciones en Inglaterra.

Sin embargo, teníamos que emprender un viaje personal antes de llegar al punto de sentir que podíamos emprender este tipo de vacaciones. Fue un viaje de varios años en el que nos despojamos del patrón vacacional norteamericano de "The Road Trip". y apostamos por la idea de unas vacaciones de senderismo en las que pudiéramos viajar despacio y de forma independiente. Cuando pudiéramos caminar en lugar de conducir, pensar en un área pequeña en lugar de un continente grande y ser independientes en lugar de tener la experiencia guiada que es tan popular en nuestra sociedad. Tuvimos que salirnos del rebaño y seguir nuestro propio camino. Estamos terriblemente agradecidos de haberlo hecho.

EL NORTE:

Valles de Yorkshire, Moros de Yorkshire, Distrito de los Lagos y el Distrito de los Picos

TABLE OF CONTENIDO

Lo que sigue es una mirada a nuestro viaje para forjar nuestras propias aventuras de senderismo en Inglaterra. Un viaje que comenzó con un "viaje por carretera" y una orientación en automóvil de un GRAN viaje hacia una forma de pensar "Boots On" más amigable con el cuerpo y el espíritu. Al hacerlo, descubrimos mucho sobre nuestra historia, nuestro mundo y nosotros mismos. Sin duda fue un viaje que no nos hubiéramos perdido por nada del mundo.

PARTE 1: EL VIAJE COMIENZA - 1970:

Fue un viaje bastante largo para mejorar mi coeficiente intelectual de viaje y así fue como sucedió. Hace mucho tiempo, cuando, parece que falta toda una vida, fui de vacaciones al extranjero con mi madre por primera vez. Fue a Inglaterra. Tuvimos trece días al final del verano antes de que volviera a enseñar, para explorar cuál era la tierra natal de mi madre y mi curiosidad. Alquilamos un coche y procedimos a hacer "el road trip", en Inglaterra. Fue la primera y única vez que hice eso en Gran Bretaña.

Compartimos el viaje y continuamos desde Londres hasta el norte hasta el lago Ness y regresamos, deteniéndonos en el camino. Buscamos a algunos viejos tíos de mi madre en Lincoln, nos hospedamos en B&B y recorrimos todo el país. A pesar de este comienzo poco propicio para mi exploración de Inglaterra/Escocia, me sentí como en casa allí. Qué paisaje vi, me gustó; los tés de la tarde estaban deliciosos; la gente amable y los aspectos de la historia que encontramos en forma de castillos fueron fascinantes. Cubrimos mucho territorio en esos trece días. A mamá le encantaban las fábricas de lana de Escocia y compraba lo que podía llevar a casa en su equipaje. Los dos compramos faldas escocesas, por supuesto. También compré "haggis" y, sin darme cuenta de que tenía que refrigerarse, lo encontré incomible una vez que llegamos a casa. Desde entonces no he probado ni comprado haggis.

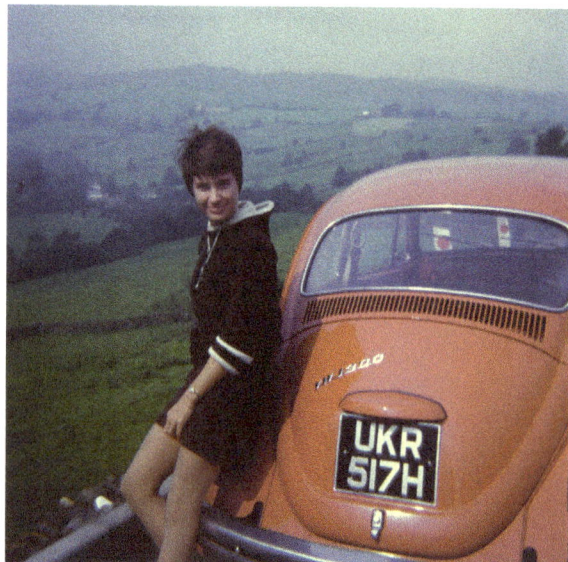

Era joven. No esperaba que conducir por la izquierda fuera un problema. No lo fue. A menudo tememos más a las cosas a medida que envejecemos. Cuando volví a hacerlo después de muchos años, todavía estaba bien, aunque en mi mente todavía estaba un poco nervioso.

En nuestro apresurado viaje por carretera aprendí que quería regresar y ver las cosas que nos perdimos en estas vacaciones vertiginosas. Me sentí como en casa aquí. La cultura con la que podía identificarme, habiendo crecido leyendo libros de Enid Blyton cuyos escenarios estaban inevitablemente en Gran Bretaña. Todos mis parientes importantes eran ingleses excepto mi papá, que nació en Canadá y algunos incluso tenían acento. Nuestra cultura familiar era mayoritariamente inglesa y por eso tenía curiosidad por aprender más sobre la tierra natal de mi familia.

Por lo tanto, a pesar de haber tenido televisión estadounidense, viajes por carretera en Canadá, campamentos y un padre decididamente norteamericano en intereses y orientación, me incliné más hacia una perspectiva europea y muy especialmente hacia Inglaterra, la patria de mi familia y de mis antepasados. Incluso preferí el clima de Inglaterra, que es moderado, a diferencia de los extremos de nuestro clima, donde hace demasiado calor, demasiado frío o demasiados baches, especialmente en primavera. No me importa la lluvia. No me gusta el frío y ciertamente no me gusta el calor y la humedad que tenemos en el verano. Un rango de temperatura de 15 a 25 es excelente y se parece mucho al clima de Inglaterra, que es ideal para practicar senderismo y explorar a pie.

También es una ventaja considerable conocer el idioma y, aunque algunos de los acentos, especialmente en las tierras bajas de Escocia, pueden ser impenetrables, pudimos comunicarnos, hacer preguntas y aprender sobre la marcha. Podríamos mezclarnos y fusionarnos y ese hecho es muy importante si quieres evitar ser un outsider y, en consecuencia, un "turista".

Esto me lleva a un punto interesante: el de ser *"un turista o un viajero"*.

Para salirse del rebaño, uno necesita ser más viajero, aunque de vez en cuando haga cosas turísticas. Tienes que querer explorar, descubrir y no tener una agenda fija sino dejar que tu experiencia se desarrolle como quiera. Esto no quiere decir que no debas leer sobre tu destino e investigar un poco. Sin embargo, si tiene una lista de verificación, le evitará la casualidad, que es cuando se sale de los caminos habituales para hacer o descubrir cosas que son completamente nuevas para usted.

Viajes versus turismo: *si está organizado, tiene todo incluido y generalmente se anuncia en la sección de viajes de su periódico, es probable que sea una experiencia turística. Ideal para escapadas, para una necesidad de mimos o si no quieres la molestia de planificar. Suele ser más breve, aunque no siempre es así.*

Los viajes *son organizados por uno mismo, independientes y no planificados previamente por otra persona. A menudo también es mucho más barato, lo cual fue una gran ventaja para nosotros. Normalmente no estás organizado en un grupo.*

El Viaje Continúa: 1985

Trevor, un compañero y compañero de viaje, nunca había oído hablar del sendero de la costa suroeste cuando fuimos de vacaciones de dos semanas a Inglaterra en 1985. Estas fueron nuestras primeras vacaciones juntos y fue una escapada de dos semanas que incluyó caminatas. Tenía un viejo libro AA sobre paseos por el campo y encontré algunos que parecían prometedores. Yo usaba zapatillas para correr, Trevor usaba pantalones rehechos como pantalones cortos. No teníamos botas, bastones, equipo de senderismo ni calcetines adecuados. Éramos completos novatos.

Un hotel en el que nos alojamos (por recomendación de mis padres que se habían alojado allí unos meses antes) estaba ubicado en Bossiney, un pueblo en la costa de Tintagel, en la costa norte de Cornualles. También estaba situado justo en el camino costero. A partir de algo de literatura en el hotel, decidimos que podíamos caminar unos pocos kilómetros por la costa hasta Boscastle y tomar el autobús de regreso como actividad del día, así que nos fuimos.

Overlooking the castle 👉

> Una experiencia no planificada e inolvidable **que llevó a MUCHOS MÁS. Casualidad.**

Si alguna vez tiene la tentación de probar el sendero costero suroeste, este es sin duda un excelente lugar para comenzar. Todavía recuerdo las dedaleras a lo largo del camino, la visión del castillo medio en ruinas en la costa, los sonidos de las aves marinas, el romper de las olas y el pintoresco pueblo de Boscastle con su cabaña decorada con el techo inclinado. Todo era muy nuevo, muy emocionante y muy atractivo.

Boscastle en 1985

Despreciamos el autobús de regreso y, considerándonos muy aficionados, caminamos de regreso por la costa hasta el hotel. Todo el recorrido, salvo algunas elevaciones, transcurrió por los acantilados, por senderos cubiertos de hierba y de fácil realización. La distancia probablemente fue de menos de 5 millas en cada sentido y pudimos parar para almorzar en **Boscastle.** Nuestro primer paseo por la costa nos dejó una impresión duradera, aunque no volveríamos a hacerlo hasta dentro de muchos años.

El Viaje Continúa: 1994:

Avancemos unos años hasta 1994, cuando pudimos regresar a Inglaterra. Los años intermedios estuvieron llenos de "vida". Hubo algunas desviaciones interesantes en Francia, donde viajamos con nuestros hijos y nuestro patrón de vacaciones siguió siendo **"El viaje por carretera"**. Alquile un coche y recoja alojamiento en la ruta, que era una combinación de camping, pequeños hoteles y B&B. Comíamos estilo picnic con comida para llevar y snacks para llenarnos el estómago con comidas ocasionales en restaurantes. En aquella época, antes de que el franco se convirtiera en euros, era relativamente razonable vivir así durante las vacaciones. Si esto sería asequible hoy en día es otra cuestión.

La vida resultó ser algo agotadora y, en 1994, el agotamiento me impidió trabajar como profesora. Estuve en Incapacidad a Largo Plazo durante un año para recuperar mi perspectiva y mi salud. Iba a volver a enseñar a tiempo parcial el año siguiente, pero mientras tanto, se me presentó una oportunidad para tomarme unas vacaciones de dos semanas en Inglaterra en mayo si mis padres se quedaban con nuestras dos hijas mientras estábamos fuera.

Estuvieron de acuerdo y reservamos nuevamente unas vacaciones rápidas en el sur de Inglaterra.

Estas vacaciones vertiginosas fueron heterogéneas, pero contuvieron un día memorable. Nos estábamos quedando en South Devon, en el área de Salcombe, en un lugar llamado **Hope Cove** recomendado por el hermano de Trevor. El hotel era mediocre, pero nuestro paseo por el sendero costero hasta **Salcombe** y de regreso no lo era.

Tenga en cuenta el paquete de agua.
¡Estamos aprendiendo!

Fue un día glorioso, el paisaje costero era magnífico y realizamos la caminata sin mapas pero con algo de equipo para transportar agua, lo cual fue un paso adelante. Esta fue nuestra segunda experiencia memorable caminando por un sendero costero en Inglaterra. Estábamos intrigados y entusiasmados con el día y lo guardamos en nuestra caja de "Días memorables".

El paseo por la costa fue estimulante con hermosas vistas sobre el agua y el campo. Caminar por la costa es fácil: mantenga el agua a su derecha (o izquierda). Una vez que llegamos a **Salcombe** y descubrimos que no había autobuses de regreso a nuestra aldea de Hope Cove, salimos a campo traviesa y, por suerte, regresamos a nuestro hotel sin problemas. En este punto de nuestra caminata, todavía teníamos que comprar mapas. Hicimos preguntas, seguimos nuestros instintos y buscamos señales que nos ayudaran.

Nuevamente tuvimos suerte a la hora de elegir el camino. El tramo desde Hope Cove hasta Salcombe es, con razón, aclamado como uno de los más pintorescos de todo el Coast Path. El caminante disfruta de espectaculares caídas al mar, vistas elevadas y campos del interior que descubrimos en nuestro viaje de regreso. El pueblo de **Salcombe** abraza una colina sobre un puerto repleto de barcos. Más tarde descubrimos que este tramo del sendero costero tiene 8 millas o 12,9 km. Se desconoce toda la distancia que caminamos ya que hicimos un recorrido a campo traviesa a nuestro regreso a Hope Cove. Era antes de los días de FIT BIT o Apple Watches y todavía teníamos que comprar un podómetro que era la forma de determinar la distancia en el momento en que caminábamos.

La caminata se calificó como extenuante y duró aproximadamente 4 horas. Sin embargo, mirando hacia atrás, no lo recordaba como tal. Algunas secciones de la costa suroeste fueron, de hecho, memorablemente "extenuantes", pero esta caminata no se presentó como tal.

Trev fotografiado en Salcombe frente a un puerto lleno de barcos. Un refrigerio para el almuerzo antes de nuestro regreso a Hope Cove completó nuestro día.

Paso 1 - A Nuestro Viaje Lento:

Alojamiento con Reserva Previa:

Hasta ahora estábamos haciendo un Road Trip que consistía en viajar de un lugar a otro y recoger alojamiento en el camino. Consultaríamos en la agencia de turismo y comenzaríamos la búsqueda a última hora de la tarde para encontrar un lugar adecuado. Esto nos quitó tiempo de nuestras vacaciones y también significó que pasábamos más tiempo en el coche y viviendo con una maleta. Pronto nos cansamos de eso y preferimos desempacar e instalarnos.

Ahora decidimos reservar plazas para un mínimo de 2 noches, preferiblemente 3 y no hacer más escalas de 1 noche. Nos estábamos convirtiendo en "viajeros más lentos", aquellos que pasaban más tiempo a pie que en el coche y que elegían una zona más pequeña para explorar. Creo que este viaje fue el punto de inflexión para nosotros a la hora de cambiar nuestro patrón de comportamiento durante las vacaciones.

Esta iba a ser la última vez que viajábamos a Inglaterra sin reservar nuestro alojamiento antes de nuestra llegada. Decidimos que con nuestras vacaciones limitadas a dos semanas, estábamos perdiendo un tiempo precioso buscando un lugar donde quedarnos cada día y prometimos reservar con anticipación. Nuestro creciente uso de Internet hizo de esta una opción muy viable en los años siguientes. Además de nuestro transporte aéreo y alquiler de automóviles, también podremos reservar un excelente alojamiento. Nuestras vacaciones también se pagarían por adelantado, por lo que los gastos se distribuirían a lo largo del año, lo que sería más respetuoso con el presupuesto.

También logramos regresar a **Tintagel** para reencontrarnos con el camino costero alrededor del castillo que habíamos visitado en 1985. Esta vez saboreamos la vista desde las ruinas del castillo en lugar de la costa, mientras disfrutábamos de una empanada de Cornualles al abrigo de las rocas. **Tintagel** en sí es bastante turístico, pero no hay que olvidar el castillo y las vistas a lo largo del acantilado.

No pudimos quedarnos más de una noche, pero ciertamente nos alegramos de haber hecho el esfuerzo de regresar a este lugar ahora favorito.

¡Lo que Descubrimos!

Según la leyenda, Tintagel es el lugar de nacimiento del rey Arturo, vinculado a la resistencia de Cornualles al avance anglosajón. Arturo fue mencionado por primera vez por Geoffrey de Monmouth en la Historia de los reyes de Gran Bretaña del siglo XII. El actual castillo en ruinas es medieval, pero hubo una habitación anterior en el sitio que se cree que era la sede del poder real de Cornualles, de ahí la conexión con el rey Arturo.

PARTE 2: VIAJES SECUNDARIOS EN EL NORTE DE INGLATERRA: 1995-1999

Ahora sabíamos una cosa gracias a nuestras dos experiencias de senderismo en Inglaterra. Queríamos hacer más y hacerlo correctamente, con botas, mapas y equipo. Queríamos convertirnos en excursionistas y **explorar Inglaterra con Boots on Ground en lugar** de en coche.

Volví a enseñar, lo que significaba que las vacaciones eran solo en julio y agosto, así que decidimos explorar **Yorkshire en el norte,** que era donde Trevor había nacido y había enseñado durante algunos años antes de venir a Canadá. Durante cinco años caminamos por **Yorkshire Dales, Yorkshire Moors, The Lake District y Peak District,** que estaba de camino hacia el norte. Compramos botas de montaña adecuadas, chaquetas impermeables, buenos calcetines, pantalones y pantalones cortos para caminar y básicamente nos preparamos. Compramos mapas y libros de Ordnance Survey y pasamos todas nuestras vacaciones caminando por senderos circulares descubiertos en esos libros, aprendimos a usar los mapas y perfeccionamos nuestras habilidades de navegación y de senderismo.

Lo que descubrí:

El camino hacia la buena salud no pasa por las pastillas, sino por el aire fresco, el ejercicio y la naturaleza. Alejarte de los factores estresantes tampoco es mala idea. Haz algo que te haga sentir fuerte y libre para ser quien eres sin la presión de ser lo que la gente quiere que seas.

Este conocimiento me llevó a un mayor deseo de información sobre curación natural, suplementos y ejercicio que continúa hoy. También generó un escepticismo creciente con respecto a la dependencia de los medicamentos y la intervención médica cuando las elecciones saludables de dieta y suplementos tuvieron mejores resultados.

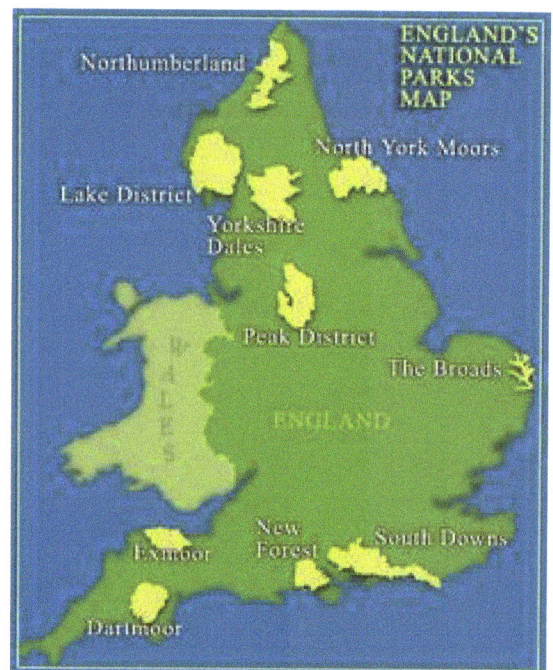

Northern National Parks

Los Valles de Yorkshire: un Campo de Entrenamiento para el Senderismo:

Para mí, Yorkshire estaba "fuera de lo común". Mamá y yo lo habíamos pasado por alto durante nuestra gira relámpago en 1970. El único lugar del que había oído hablar en Yorkshire era la ciudad de York. No sabía dónde estaban los Dales, cómo eran ni nada sobre la zona. Esto estaba por llegar. Me eduqué sobre las delicias del Norte y más tarde sobre su hijo nativo, Richard 111, que residía aquí y era muy querido por la gente. Fue derrotado por Enrique Tudor en la batalla de Bosworth en 1485 y por facciones en guerra dentro de su propio gobierno.

Caminar en Yorkshire durante 5 años cambió mis perspectivas sobre los viajes y el senderismo y nos permitió a Trevor y a mí contemplar nuestra búsqueda posterior de caminar por el sendero costero del suroeste. Los viajes ahora eran "lentos": una pequeña zona ampliamente explorada.

Nos preparamos. Compramos nuestras botas de montaña, ropa y, sobre todo, ahora teníamos material de referencia en forma de mapas y Guías Pathfinder que guiaron nuestras experiencias a pie.

En Yorkshire, todos los paseos son circulares porque no sigues una línea costera. Por lo tanto, debes prestar especial atención a tu mapa para no perderte. Las guías de los conquistadores fueron particularmente útiles ya que clasificaron las caminatas de fáciles a difíciles. A medida que ganamos confianza sobre qué tan lejos podíamos caminar, hicimos caminatas cada vez más largas y las disfrutamos todas.

Al revisar mi guía bien usada, descubro que hemos completado la mayoría de las caminatas, así como muchas otras que no se mencionan en la guía. Nuestra caminata inicial favorita fue una caminata de 6 millas hasta la ciudad de **Grassington** desde nuestro alojamiento en **Kettlewell**. Almorzaríamos en Country Kitchen en Grassington y luego caminaríamos de regreso. Fueron 12 millas encantadoras a lo largo de **Dales Way.**

Lo que Aprendimos:

1. Cómo caminar con el equipo adecuado.

2. Cómo leer un mapa.

3. Qué llevar con nosotros: agua/bocadillos.

4. Cómo autoabastecerse en casas rurales.

5. Confianza en nosotros mismos para hacerlo.

Los paseos de nuestra guía se limitaron al Parque Nacional de **North Yorkshire** y el **Dales Way** se extendió más allá. No importa. Logramos lo que queríamos hacer y era convertirnos en excursionistas, ponernos en forma y sentirnos cómodos caminando largas distancias. Estábamos contentos y listos para intentar otros desafíos.

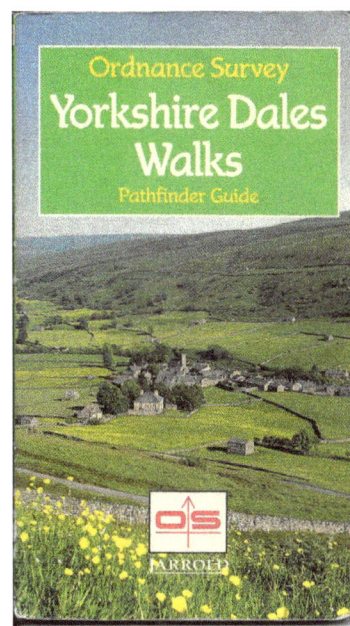

El Viaje Hacia el cambio - 1995 +

Cómo nuestra experiencia de 5 años en Yorkshire cambió nuestra actitud hacia los viajes para siempre? No sucedió de la noche a la mañana. En nuestro primer viaje en 1995, todavía nos quedábamos en B&B, generalmente más de 3 días seguidos. Alquilamos un coche en Londres y nos dirigimos hacia el norte parando en **The Peak District** durante más de 3 días y continuamos hasta **Yorkshire Dales, The Lake District, The Yorkshire Moors, York** y de regreso a **Londres.** En este viaje no hubo escalas de 1 día. La siguiente sección de este libro analizará cada uno de estos destinos y le mostrará cómo puede viajar "lentamente" por la zona mientras disfruta de las *caminatas y la historia* que se encuentran allí.

1.   Primero nos Preparamos:

Compramos nuestras *botas de montaña* (compré mis Merrills en Ambleside, en el Distrito de los Lagos). Recuerdo que la tienda estaba dirigida a excursionistas y había paredes de botas para elegir. Mis botas Merrill azules las tuve durante casi 20 años hasta que se me cayeron los tacones con un mes de diferencia. Me encantaron mis botas y como solo se usaban un mes al año me duraron muy bien.

Compramos nuestros *chubasqueros* durante este viaje y todavía los tenemos. Eran del tipo que se enrollaban y se podían guardar en la mochila. Todavía los llevamos en cada viaje.

Compramos *mochilas* que nos permitían llevar con nosotros botellas de agua, refrigerios como barras de proteínas y manzanas y chaquetas impermeables si el clima parecía dudoso. También guardaba nuestros mapas y guía, ya que era importante consultar estas referencias para no perderse.

Luego, compramos pantalones para la lluvia, lo que resultó NO ser una buena compra. Rara vez los usábamos. Si llovía mucho, no caminábamos. También hacían mucho calor e eran incómodos, por lo que no eran muy útiles. Creo que finalmente los regalamos.

Por último y más importante, compramos **guías y mapas** de **Ordinance Survey** que nos brindaron detalles sobre las caminatas que podíamos realizar y los detalles de la ubicación necesaria cuando creamos nuestras propias caminatas desde nuestro alojamiento.

2.   Segundo - caminamos - en todas partes:

Por lo general, caminábamos directamente desde nuestro alojamiento, lo cual fue posible en la mayoría de los casos en este viaje. No hubo necesidad de autobuses ni de coche hasta que llegó el momento de cambiar de alojamiento. Nuestro auto, pasó de ser lo que usábamos todos los días, a lo que usábamos solo para llevar nuestro equipaje a nuestro próximo destino.

Habíamos pasado de viajes a gran escala que cubrían cientos de millas durante el transcurso de las vacaciones a viajes a pequeña escala en los que cubríamos solo la porción más pequeña de un área muy pequeña en todo el país. En lugar de pasar velozmente en el auto vislumbrando vistas solo sobre la marcha, ahora teníamos botas en tierra durante la mayor parte de las vacaciones. Podíamos oler las flores, conversar con las ovejas, caminar por los senderos y explorar en tiempo real. Nuestro viaje se estaba convirtiendo en una **experiencia real** en lugar de **indirecta y lo curioso** es que lo recordamos mucho más claramente que nuestras carreras a campo traviesa en el coche.

Los valles de Yorkshire se convirtieron en un lugar familiar para nosotros durante este período. Descubrimos **Bolton Abbey, Middleham Castle,** la casa de Richard 111, **Jerveaux Abbey, Malham Tarn, Great Whernside** y todos los lugares resaltados en el siguiente mapa. Aparte de Middleham, todos estaban en **Dales Way, un sendero de larga distancia de 84 millas** que comienza en Ilkley y termina en Bowness -on- Windermere, en el Distrito de los Lagos. .

Nuestras aventuras de senderismo se centraron mucho en nuestro alojamiento en Kettlewell. Fue muy fácil escalar montañas, visitar pueblos y hacer todo el Dales Way en esta área sin usar el automóvil en gran medida.

Una caminata memorable fue desde Kettlewell, a campo traviesa hasta Malham y luego de allí de regreso a Grassington, donde esperábamos tomar un autobús de regreso a Kettlewell. Nos sorprendió descubrir que, si bien queríamos viajar a Kettlewell y el horario así lo decía, el conductor del autobús tenía una visión diferente.

"Este es el "último autobús" y el horario está equivocado". Derrotados, caminamos las 6 millas de regreso a Kettlewell después de haber recorrido más de 25 millas en nuestra caminata ese día. Esa noche no preparé la cena. Comimos una comida cansada en el pub local y volvimos para descansar. Buen recuerdo aunque.

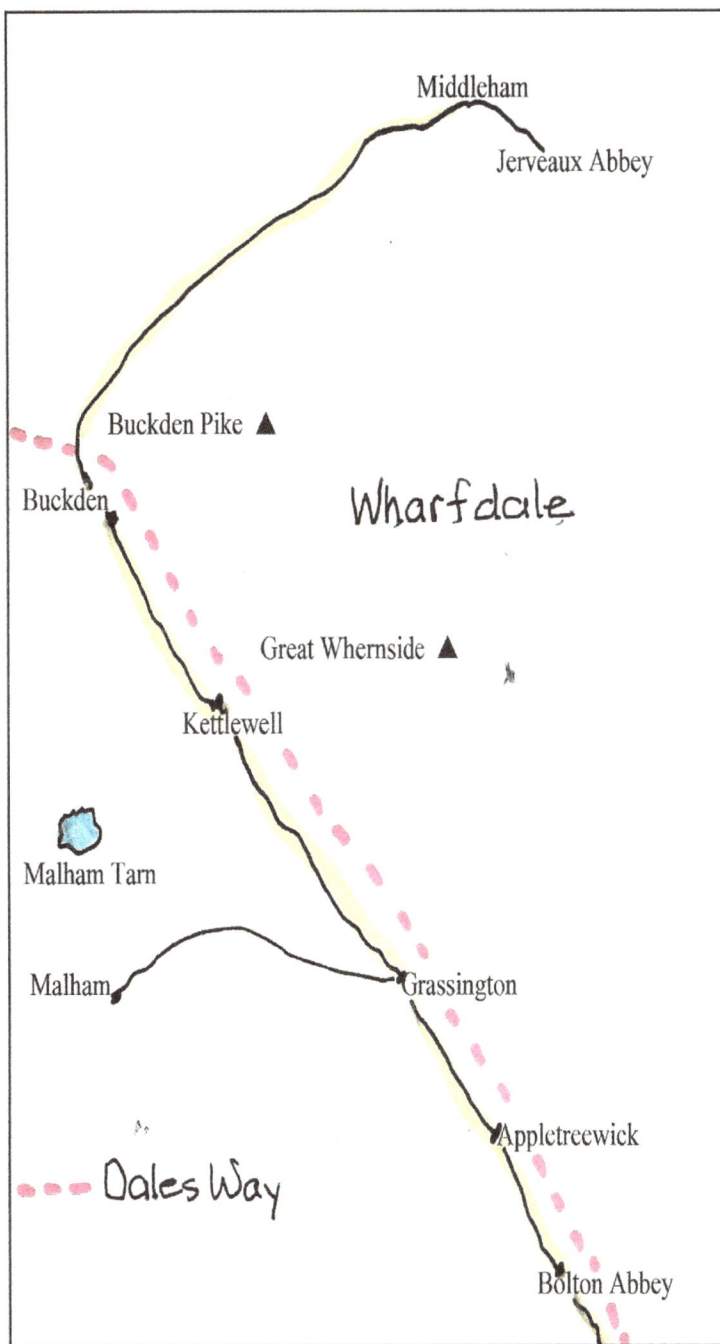

Aparte de conducir hasta Middleham. Caminamos a todos los puntos del mapa y regresamos. La caminata fue fácil, excepto por Great Whernside y Buckden Pike, que eran montañas ubicadas cerca de Kettlewell. Nos hemos quedado con muchos recuerdos de nuestro tiempo en los Dales e innumerables fotografías que nos recuerdan lo que hemos visto.Nos ha impresionado mucho más que si hubiésemos conducido haciendo alguna que otra parada que es lo que "antes hacíamos".

Lo que descubrí sobre los recuerdos:

Cuando uno se hace mayor y recuerda los recuerdos, los que se quedan en la mente son los que más le han afectado. Las botas de tierra, cercanas a la naturaleza y al aire libre y activas son las que han ganado. Por eso seguimos eligiendo vacaciones que nos permitan esta experiencia y transmitimos aquellas que son indirectas y alejadas de la implicación personal.

Algunos recuerdos que quedan son aquellos en los que has logrado algo. Cuando caminas hasta la cima de una montaña y te muestran junto a un "mojón" que indica la cima, te sientes complacido y orgulloso. Esta "montaña" es **Buckden Pike,** a poca distancia de Kettlewell. Otra montaña para escalar en la zona es **Great Whernside.** Ese fue el primero que escalamos en 1995. Este fue más suave y menos complicado, si la memoria no me falla. Este también lo escalamos con nuestras hijas en 2003.

Este es el pueblo de **Kettlewell, Wharfdale,** que lleva el nombre del río Wharf. Es un pueblo pequeño con un par de pubs y cabañas de piedra caliza. Hicimos de esta nuestra sede. Empezamos con un B&B durante un par de años y luego encontramos una encantadora casa de campo durante 3 años. También nos alojamos aquí con nuestras hijas en 2003 y las llevamos de excursión.

Esta es la cabaña de piedra caliza que descubrimos en Kettlewell y en la que nos hospedamos dos veces. Era un apartamento independiente que tenía todo lo que necesitábamos para nuestra estancia, incluido el aparcamiento. El precio en ese momento era £215 por una estancia de 6 noches. Otra cabaña más grande era Polly's Cottage, también ubicada en Kettlewell. No estoy seguro si alguno de ellos todavía está disponible, pero Internet es un buen recurso.

Malham es una zona interesante para explorar. Está Malham Tarn, a su derecha, Gordale Scar, una escarpa que se puede escalar con cuidado, y muchas aceras de piedra caliza para caminar. Toda la zona tiene mucha oferta y es un placer descubrirla.

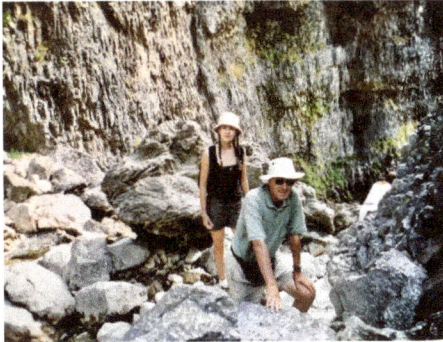

Angie, nuestra hija, con Trevor, escalando Gordale Scar cerca de Malham en 2003, cuando estábamos de vacaciones familiares con las niñas en Inglaterra.

El senderismo en los valles de Yorkshire es un lugar excelente para aprender a caminar. Hay algo para todos en esta zona "fuera de lo común" de Gran Bretaña. Para los aficionados a la geología, existe el fenómeno inusual del "pavimento de piedra caliza" que se encuentra en la región de Malham en Wharfdale. **Yorkshire Dales** es una zona de piedra caliza que es porosa y sólo soporta suelos finos, por lo que no es buena para la agricultura. El agua que corre por la zona es dura y, por tanto, no es buena para la industria lanera, que necesita agua blanda.

Por lo tanto, lo que puedes encontrar en los Valles de Yorkshire es

* hcrmoso paisajc no contaminado por la industria y la urbanización.

* colinas con ovejas pastando y paredes de piedra caliza subiendo por las laderas.

* cuevas excavadas en la piedra caliza. Es una zona popular para la "espeleología".

Angie y Amy bajando de Buckden Pike. Las vistas son amplias, el aire limpio.

Los caminos son fáciles de transitar y se pueden cruzar los muros de piedra por medio de "portales".

una escalera de piedras en la pared.

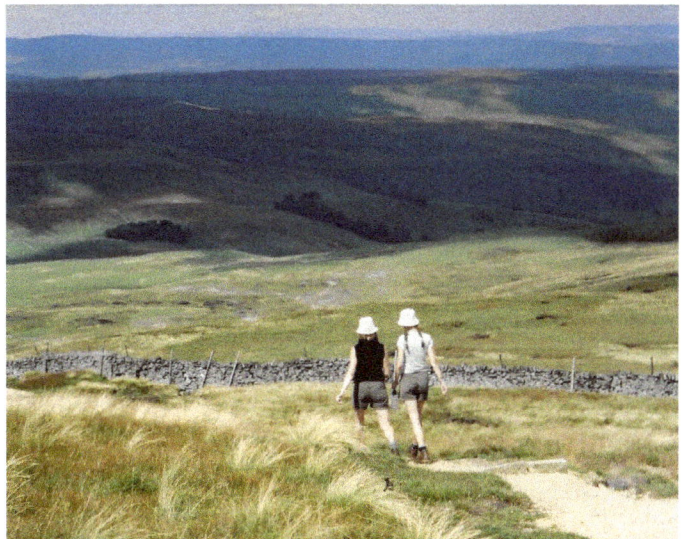

UN VIAJE PARALELO A SWALEDALE – CASTILLO DE MIDDLEHAM:

Justo al norte de Wharfdale, donde habíamos realizado la mayor parte de nuestra caminata, hicimos una excursión de un día y una caminata encantadora para ver el hogar de una leyenda local: el rey Ricardo III, cuyo hogar había sido el *castillo de Middleham.*

Visitamos el castillo y reflexionamos sobre la historia que allí se esconde. Mucho más tarde, leí sobre la historia de la Baja Edad Media y descubrí lo que creo que era una historia mucho más creíble del rey Ricardo 111, que la retratada por Shakespeare, quien tomó su información palabra por palabra de Sir Thomas More, quien bateó por el otro lado. Ricardo era muy querido en Yorkshire y se le consideraba un buen rey y un administrador justo. Sin embargo, había demasiadas facciones presentes en la corte y complots para derrocar al rey y poner a Enrique Tudor en el trono para que él tuviera éxito. Su lema era "La lealtad me une", pero conocería poca lealtad del gobierno que heredó de su hermano, Eduardo IV. Richard tenía sólo 32 años cuando murió en la batalla de Bosworth en 1485.

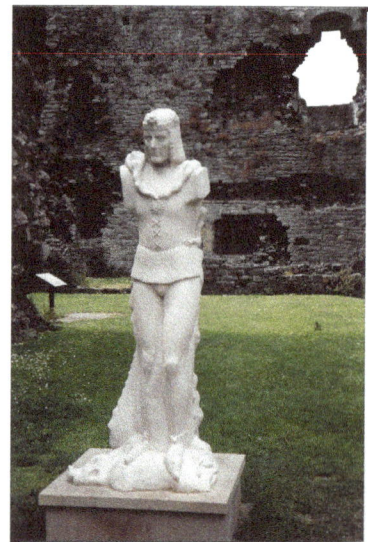

Una agradable caminata desde el castillo nos llevó a la *Abadía de Jervaulx* y fue una oportunidad perfecta para tomar más fotografías. La abadía estaba deliciosamente en ruinas: "flores en una pared agrietada, arcos para mirar a través de ellos aún más arcos y un escenario perfecto para la fotografía. La foto que aparece en la foto llegó a mi caballete a nuestro regreso. Mientras se vendía el original, pinté otra versión que todavía tenemos en nuestra casa. Después de nuestra visita, volvimos a lo largo del río hasta *Middleham* después de haber tenido un día muy agradable e informativo y un paseo fácil y atractivo a lo largo del río hasta la Abadía.

Lo que Descubrí:

Este interesante viaje me permitió conocer la vida de un importante personaje histórico de la Edad Media. Despertó mi curiosidad. Comencé a leer vorazmente sobre el tema y luego escribí un paquete de texto para mis clases nocturnas. La historia que puedes ver, tocar y conectar es otra razón por la que los viajes independientes pueden tocarte cuando descubres estas gemas históricas escondidas "fuera de los caminos trillados".

16 x 20 Oil - Jervaulx Abbey

Pinturas de los Valles de Yorkshire:

11 x 14 – Oil

He pintado varias versiones de esta **"Oveja del Moorland"** pero las ideas principales están ahí. La foto fue tomada durante nuestro paseo de regreso desde Grassington a Kettlewell por el "Dales Way". Nótense las paredes de piedra caliza y el césped bajo los pies.

Una pintura de Dales Village con el antiguo puente de piedra sobre el río Wharfe. Las colinas con sus muros de piedra están al fondo y una cabaña de piedra junto al puente aporta el elemento humano. **Una cabaña de Dales junto al puente:**

16 x 20 – Oil

16 x 20 – Oil

Puente Sobre el Río Wharfe:

Otra pintura con un tema de puente ya que el río Wharfe está siempre presente en los pueblos por los que pasamos durante nuestras caminatas. También están las paredes de piedra caliza, cubiertas de musgo en algunos lugares y las tumbas cubiertas de musgo encontradas junto a la antigua iglesia donde se tomó esta foto. Me gustó la luz bailando sobre el agua cuando tomé la foto.

Los páramos de Yorkshire
+ el Estilo Cleveland

En 1997 y nuevamente en 2003, incluimos a The Yorkshire Moors en nuestras aventuras en el norte y aplicamos las mismas reglas de caminar más que de conducir. Cubrimos gran parte del Camino de Cleveland en nuestros paseos, especialmente la distancia por la costa este desde Saltburn hasta Ravenscar al norte de Scarborough. Nos gustaría terminar esta parte de la costa de Inglaterra, pero en los últimos años nos hemos limitado al sur y al oeste del país.

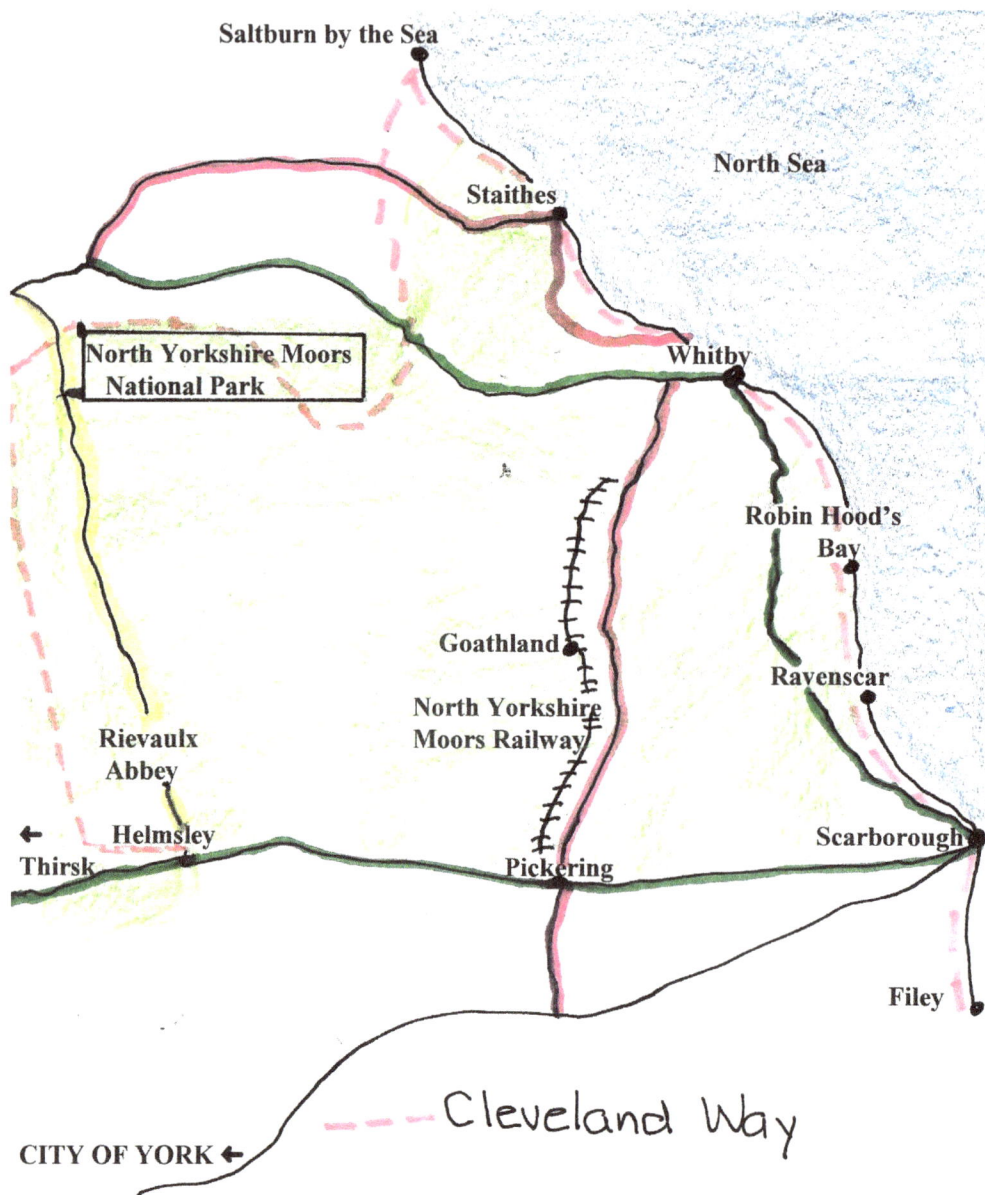

Saltburn by the Sea

North Sea

Staithes

North Yorkshire Moors
National Park

Whitby

Robin Hood's
Bay

Goathland

Ravenscar

North Yorkshire
Moors Railway

Rievaulx
Abbey

Helmsley

Scarborough

Thirsk

Pickering

Filey

Cleveland Way

CITY OF YORK ←

- - - - - - La costa de Cleveland Way: de Saltburn junto al mar a Filey

———— A171 - Scarborough norte pasando Whitby

Lo que sescubrimos sobre los Parques Nacionales:

Existe una clara diferencia entre los Parques Nacionales de Gran Bretaña y los de América del Norte. Los parques de América del Norte son generalmente áreas de belleza escénica con sitios para acampar dentro de los límites del parque. Fueron creados para preservar el paisaje.

En Gran Bretaña, los parques preservan algo más que el paisaje, sino que buscan preservar el patrimonio cultural que contienen. Hay ciudades y pueblos dentro del parque cuyo desarrollo está estrictamente controlado para preservar el aspecto histórico de los pueblos. No se puede derribar y reconstruir en un estilo que no se adapte al entorno histórico. Es una delicia, ya que visitar estos pueblos y aldeas se convierte en una experiencia cultural y no solo en una sesión fotográfica. Los parques también intentan preservar las partes más pintorescas del terreno que son accesibles al público a través de senderos públicos y senderos mantenidos. El terreno está abierto al público para practicar senderismo y disfrute durante todo el año.

Muestreo de otra Costa:

El Cleveland Way **es un sendero de larga distancia de 108 millas** que abarca vistas de páramos, valles y paisajes costeros. La zona donde se ubica fue designada Parque Nacional en 1952 con el fin de preservar el patrimonio del hermoso paisaje. Si bien hemos completado parte de la caminata por los páramos, el enfoque aquí está en la parte costera de Cleveland Way.

Nuestra Experiencia en el Camino Costero:

Para recorrer el sendero de **Saltburn** a **Ravenscar,** ubicamos nuestro alojamiento en Whitby y confiamos en los autobuses para que nos ayudaran con el viaje de regreso. La distancia entre estos dos puntos es de 30,6 millas con otras 21,4 millas para completar la caminata de **Ravenscar** a **Filey.** Esto es un total de 52 millas.

Óleo 10 x 20 - Puerto de Whitby. Esta es Whitby Harbour, una fotografía que luego se convirtió en una pintura. La luz del sol poniente daba un brillo atractivo a los edificios.

Whitby: Un Buen Lugar para Ubicarse:

Esta es la mandíbula de una ballena cuya presencia icónica se encuentra en lo alto del paseo llamado "West Cliff" sobre la ciudad. Aquí también es donde hay muchos hoteles en los que ubicarse. Elegimos uno para quedarnos tres noches mientras caminábamos por esta parte del sendero costero. Las gaviotas nos despertaron temprano y recuerdo que Trev dijo; "No me gustaría casarme con una gaviota, demasiado ruidosa por la mañana". Mientras graznaban incesantemente fuera de nuestra ventana.

Aquí hay una estatua del Capitán James Cook mirando al mar. Es el héroe local de la zona.

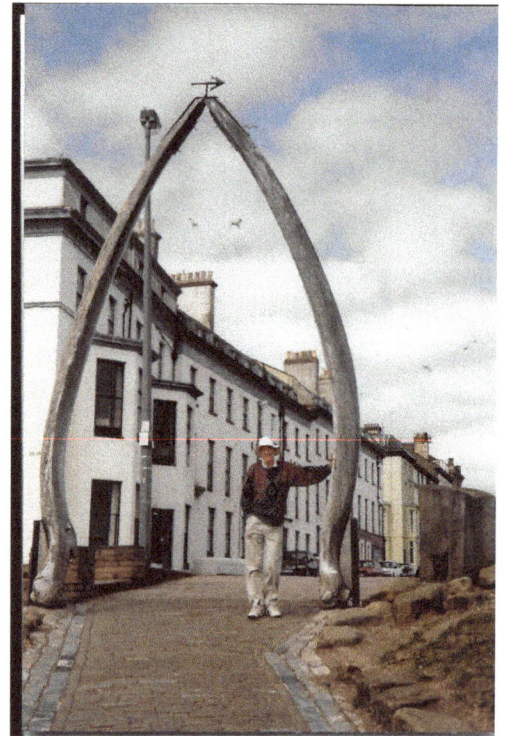

Escenas del Camino.

Buen paseo, bien señalizado y fácil de hacer. Este día estuvo CALIENTE. Llegamos a la Bahía de Robin Hood y decidimos tomar el autobús de regreso a Whitby en lugar de caminar por la costa.

BAHÍA DE ROBIN HOOD:

La costa de Yorkshire Moors ha sido designada Parque Nacional como puedes ver en el mapa anterior. Esto incluye la costa y los pueblos y todas las estructuras existentes. El Parque Nacional comienza en la costa entre Saltburn y Staithes y termina justo antes de llegar a Scarborough, su principal zona urbana en la costa. Como se mencionó anteriormente, los parques nacionales de Inglaterra preservan la cultura y la arquitectura de la zona, así como el paisaje. Los pueblos existen como lo hacían en otro siglo, por lo que puedes vislumbrar cómo era históricamente la zona.

Robin Hood's Bay es uno de esos pueblos tipo "caja de chocolate" que te deja una impresión duradera. Tiene calles estrechas y sinuosas, casas históricas y jardineras rebosantes. La siguiente es una de las fotografías que tomé del pueblo cuando lo visitamos en julio de 1996. Posteriormente pinté este cuadro dos veces, tal vez de nuevo.

6 x 20 Oil - Robin Hood's Bay

Los Páramos de Yorkshire:

Los Yorkshire Moors tienen mucho que interesar al excursionista y a aquellos interesados en la historia y el paisaje. A menudo nos sentimos atraídos por áreas debido a lo que hemos leído, visto u oído sobre ellas en películas, literatura o televisión. Los Yorkshire Moors ganaron prominencia cuando la serie de televisión "Heartbeat" fue ampliamente vista tanto en el Reino Unido como en América del Norte. Heartbeat se desarrolló en un pueblo llamado **Ashfordly,** que en realidad es el pueblo de *"Goathland"*, una parada del ferrocarril **North Yorkshire Moors.** Después de ver el programa, teníamos muchas ganas de visitar el lugar de rodaje. Cerca de allí descubrí un lugar llamado **"Beck Hole"** que inspiró una pintura que se muestra a la derecha.

Otra serie de televisión muy querida que destaca esta zona de Inglaterra es *"Todas las criaturas grandes y pequeñas"*, que describe la vida de un veterinario rural, James Herriot. Esta serie fue protagonizada por Christopher Timothy como el veterinario James Herriot.

16 x 20 Oil - Beck Hole

En realidad, la consulta del veterinario estaba ubicada en *Thirsk*, a poca distancia al este de Yorkshire Moors. La foto muestra una imagen de Alf Wight, el verdadero James Herriot en la cirugía durante el rodaje de la serie. Recientemente ha comenzado una nueva serie en la televisión que vuelve a dar vida a esta hermosa parte del mundo.

A la derecha está la calle principal de Thirsk

Thirsk, Yorkshire

Además de los encantos de la ruta costera, el Parque Nacional North Yorkshire Moors es una de las zonas más bellas de Inglaterra y Gales. Tiene la mayor extensión de páramo de brezos del país, como se puede ver en la foto de abajo.

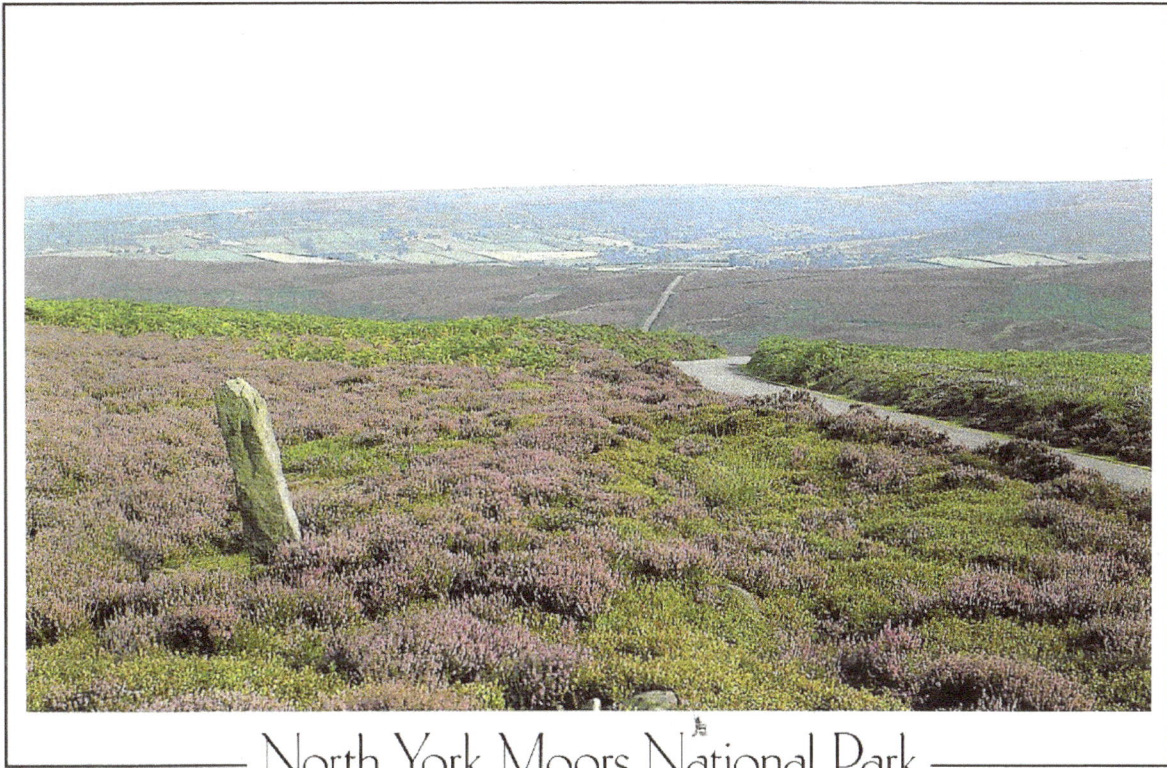

North York Moors National Park

El sendero está bien marcado y es fácil de seguir y tiene mucho que ver. Una calzada romana serpentea a través del páramo, se puede explorar una abadía en Mount Grace Priory y un paseo panorámico a lo largo de Sutton Bank son solo algunos de los sitios que se pueden explorar mientras camina por los moros.

A Roman road found near Goathland.

Trev pointing to the sign showing the way. It was well marked.

Históricamente, esta es un área rica para explorar. **El Cleveland Way** tiene dos abadías y dos castillos en su recorrido. El sendero comienza en **Helmsley,** donde se pueden explorar las ruinas **del castillo de Helmsley.** Continúa a poca distancia hasta la **Abadía de Rievaulx,** una estructura extensa que bien merece una visita. Luego, el sendero va hacia el oeste y luego hacia el norte hasta **Osmotherly,** donde puedes explorar **Mount Grace Priory.**

Para que te hagas una idea de las distancias a recorrer, consulta el siguiente cuadro.

Distance Chart for Hiking:		
Helmsley to Rievaulx	2.8 miles	4.5 km
Rievaulx to Sutton Bank	7.4 miles	12 km
Sutton Bank to Osmotherly	11.4 miles	18.4km

We have hiked Helmsley to Rievaulx and Sutton Bank to Osmotherly. The gap in the middle would have to be a there and back as there is no transportation available for us to have returned to base.

Rievaulx Abbey

Mount Grace Priory

Vistas de **Sutton Bank** desde el sendero Cleveland Way.

Viajando por el Norte:

La evolución de *nuestro* estilo de viaje se puede describir como que se ha convertido en un 70% caminando, un 20% haciendo turismo y un 10% conduciendo, normalmente hasta nuestro próximo alojamiento. Todavía nos quedamos en B&B por una duración de 3 a 4 días y no tuvimos escalas de 1 noche. Fue en 1998 que alquilamos **nuestra primera cabaña en Kettlewell: High Fold Lodge.** Lo habíamos descubierto el año anterior y decidimos probar la idea de una cabaña en lugar de un B&B. La alquilamos nuevamente en 1999. Cuando tuvimos a la familia con nosotros en 2003, alquilamos una cabaña más grande en Kettlewell para acomodar a 4 gente.

Pudimos mantener nuestras distancias de conducción cortas porque elegimos alojamientos bastante cercanos entre sí para no pasar más de un par de horas en llegar allí. Dado que no se espera que uno llegue hasta más tarde ese mismo día al nuevo alojamiento para permitir la limpieza, utilizamos el tiempo en el camino para visitar áreas de interés. Esto nos permitió visitar Abadías, Castillos y cafeterías de la zona. De hecho, hicimos el recorrido de alojamiento en alojamiento con la expectativa de parar en el camino para ver algo de interés. No conducir largas distancias y solo detenerse para cargar gasolina. **Conducir era ahora la "parte turística del viaje" y seguiría siéndolo durante muchos años.**

Yorkshire Dales, The Yorkshire Moors y The Lake District son las tres áreas del norte que se prestan a este viaje a pequeña escala, ya que puedes conducir de un área a otra con la menor distancia que recorrer. Todos ellos son Parques Nacionales que fomentan el paseo por rutas de senderismo y senderos de gran recorrido. Todos tienen paisajes espectaculares y sitios históricos, así como abundante material escrito y mapas para ayudarle con su planificación.

Esto podría constituir sus aventuras en el norte y, como las distancias no son grandes, podría pasar más tiempo caminando y menos conduciendo. Nunca elegimos viajar tanto al Sur como al Norte en el mismo viaje, ya que requeriría conducir más de lo que nos gustaría hacer. El largo viaje hacia el norte para comenzar su viaje y finalizarlo, es la ruta más larga que debe contemplar y puede dividirse explorando **el Peak District.**

ENGLAND'S NATIONAL PARKS MAP

El distrito de los Lagos:

Ahora avanzaremos a la tercera área norte para explorar y es **"El Distrito de los Lagos".** De hecho, esta es la zona más conocida para practicar senderismo gracias a los libros de Arthur Wainwright, quien hizo caminatas y escribió extensamente sobre la zona. Estuvimos allí en 1995, 1999 y 2003 con la familia. Para ayudarnos en nuestra exploración y caminata, compramos la guía Pathfinder para ayudarnos con los senderos. Elegimos quedarnos en el centro de la **zona del lago Windermere.** Fuimos nuevamente en 2014 a un tiempo compartido que teníamos allí, pero su ubicación al norte, lejos de los paseos, nos impidió caminar desde la puerta, que es a lo que estábamos acostumbrados en visitas anteriores. Eran unas vacaciones tipo "conducir y ver" que habíamos evitado durante muchos años.

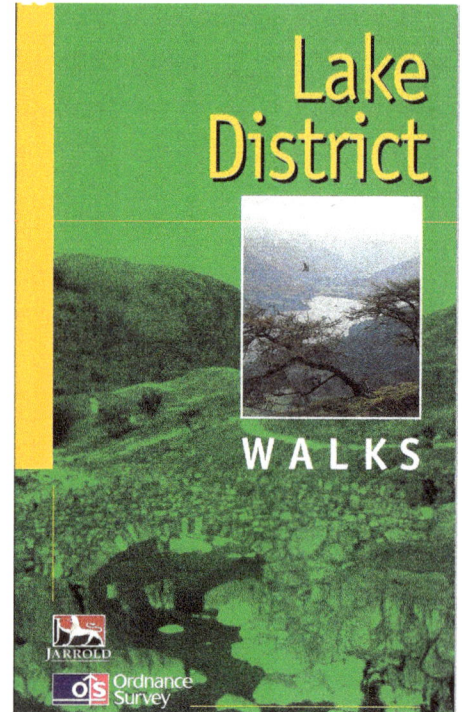

Grasmere, Hawkshead, área del centro de Windermere:

Nuestra zona favorita para ubicarnos es desde *Grasmere hasta Bowness-on-Windermere.* Nos hemos alojado en **Grasmere, Hawkshead Hill** y **Bowness-on-Windermere.** Todas las ubicaciones están ubicadas centralmente alrededor del **lago Windermere.** También hay dos personas notables que residieron aquí cuyas historias pudimos explorar.

1. **Beatrice Potter:** vivía en **Near Sawry** en Hill Top, una propiedad del National Trust.

2. **William Wordsworth** residía en Grasmere y luego se mudó a Ambleside. Se pueden visitar su primera cabaña y su hogar posterior y seguir sus pasos en sus aventuras de senderismo.

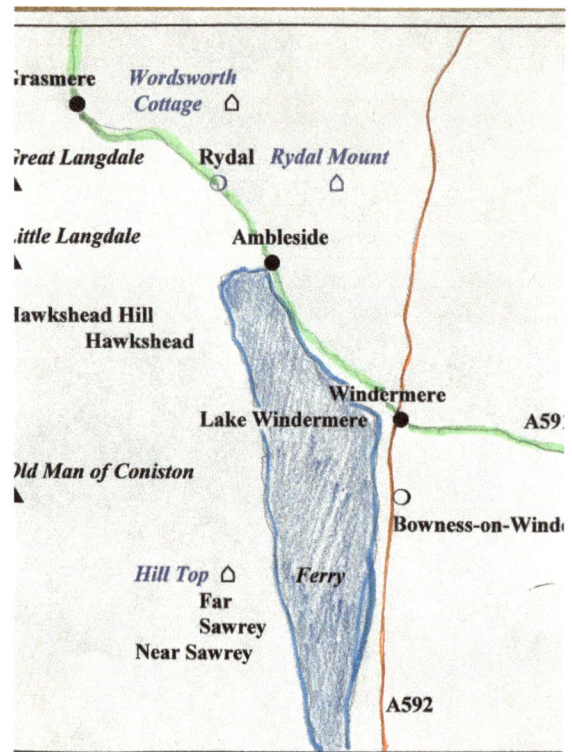

Tras la pista de William Wordsworth:

Un excelente lugar para comenzar es el pueblo de **Grasmere** en la parte norte del mapa anterior. Es la ubicación de la primera casa de Wordsworth, Dove Cottage, y bien merece una visita.

William y su hermana y alma gemela Dorothy nacieron en 1770 y 1771. Los primeros años de William estuvieron marcados por la muerte primero de su madre y luego de su padre, cinco años después. Él y Dorothy fueron trasladados entre sus abuelos que vivían en **Penrith** y otros parientes y pasaron muchos años separados en residencias separadas. William y su hermano Richard fueron enviados a la **escuela secundaria Hawkshead** en Hawkshead en 1778 cuando murió su madre. Ambos se alojaron con el Sr. y la Sra. Tyson, que ahora es la **casa de Ann Tyson** en Hawkshead. Permanecieron en la escuela incluso después de la muerte de su padre en 1783. El talento literario de William fue reconocido y recibió apoyo y aliento. Tanto es así que en 1787 fue a St. Johns, Cambridge, para obtener una licenciatura. tres años despues.

De joven realizó una gira por Francia y Suiza y se involucró con una joven, Annette Vellon de Orleans, con quien tuvo una hija. Sin embargo, eran tiempos revolucionarios y, aunque apoyó y visitó a Annette cuando pudo, nunca se casaron.

Apoyó a otro amigo que vivía cerca de Keswick en Lake District y que estaba enfermo de tuberculosis. Cuando el amigo murió en 1795, dejó a William un legado de 900 libras esterlinas que le permitió a él y a Dorothy establecerse en Dorset y más tarde en Somerset, donde vivieron cerca de Samuel Taylor Colleridge.

En 1799, mientras estaban de vacaciones en Lake District, descubrieron **Dove Cottage**, que estaba disponible para alquilar y decidieron regresar a sus raíces en Lake District. Tres años más tarde, tuvo un notable golpe de suerte cuando recibió un legado de 8.500 libras esterlinas. La fuente de este dinero provino del segundo conde de Lonsdale. El padre de William le había prestado al primer conde una suma de entre 4 y 5000 libras esterlinas, que devengaba un interés del 4%. Si bien el primer conde no había pagado su deuda, el segundo conde sí lo hizo y William fue el benefactor. Se trataba de una enorme cantidad de dinero de la que se beneficiaron William y Dorothy.

Como suele ser el caso, William, que ahora tenía poco más de treinta años y había hecho algunas travesuras, decidió establecerse y, en consecuencia, se casó con una ex compañera de escuela, Mary Hutchinson, conocida de sus días en Penrith. Él, Mary y su hermana Dorothy se instalaron juntos en Dove Cottage. William y Mary tuvieron cinco hijos, tres de los cuales sobrevivieron. La cabaña finalmente resultó ser demasiado pequeña y, después de algunos traslados a otras residencias, finalmente se establecieron en **Rydal Mount** en Rydal. Mientras tanto, William trabajaba como agente de impuestos del gobierno en **Ambleside** y ganaba £ 300 por año. Mantuvo este cargo hasta su muerte a la edad de 80 años.

William y su hermana Dorothy se mudaron a Dove Cottage en 1799. Cuando Willliam se casó con Mary, ella también se mudó a la cabaña de ocho habitaciones. La familia permaneció aquí hasta 1808, cuando se mudaron a una casa más grande, Allan Bank, en Grasmere y más tarde a la Rectoría de Grasmere, donde perdieron a dos de sus hijos, probablemente debido a la humedad del ambiente, ya que estaba adyacente al río.

Dove Cottage está abierto al público y contiene un Museo Wordsworth adyacente que contiene manuscritos y pinturas adquiridos del Wordsworth Trust dirigido por descendientes de William y Mary Wordsworth.

Monte Rydal:

La familia pasó los años de 1813 a 1850 en esta casa grande e impresionante con su jardín de 4 acres. Está regentado por los descendientes del poeta y depende de los ingresos de los visitantes para el mantenimiento de la casa. Mudarse aquí coincide con el nuevo trabajo de William como "Distribuidor de Sellos", que ocupó durante 30 años hasta 1843.

Luego se convirtió en Poeta Laureado hasta su muerte a los 80 años en 1850. Está enterrado en la iglesia Grasmere.

La última vez que visitamos el rastro de William Wordsworth, obtuvimos un boleto conjunto para las dos propiedades anteriores. Hay un precioso salón de té en Rydal Mount y los jardines son fantásticos para explorar. Hay una caminata circular de 5 ½ millas desde Grasmere hasta Rydal presentada en la Serie Pathfinder que cubre estos dos sitios y el paisaje intermedio.

Tras la Pista de Beatrix Potter:

Beatrice Potter fue una de las benefactoras más importantes del Distrito de los Lagos. Nació en Londres de padres adinerados y fue criada por niñeras y una institutriz. Era una niña solitaria con talento para el dibujo y la pintura y un amor por los animales que mantenía en el aula de su casa. Estos talentos iniciales pronto se transformaron en escritura y ella se convirtió en una autora de cierto renombre, publicando libros y ganando regalías.

Las vacaciones familiares solían realizarse en el Distrito de los Lagos, por lo que cuando se independizó financieramente decidió regresar allí. Compró **Hill Top** en **Near Sawry** y pasó gran parte del año allí. Se convirtió en una excelente granjera y autora y gastó su dinero en la adquisición de cabañas y tierras para preservarlas para las generaciones futuras. Se casó a los 49 años y ella y su esposo, William Heelis, trabajaron juntos para administrar sus propiedades y criar ganado. Con el tiempo, la agricultura se volvió más importante que la escritura, pero su contribución al Distrito de los Lagos es inmensa. Donó su primera propiedad, **Hill Top Farm en Near Sawry,** al **National Trust.** En **Hawkshead,** propiedad que alguna vez fue la oficina de su marido, tiene una exposición de sus ilustraciones para sus libritos. La atracción El mundo de Beatrix Potter se encuentra en **Bowness-on-Windermere.**

En sus intentos por salvar el campo, compró la hermosa **granja Troutbeck Park** con 2000 acres en 1924. Seis años más tarde adquirió **Monk Coniston Estate,** la mitad de la cual ofreció, al costo, al National Trust. Ellos, a su vez, le pidieron que les administrara la propiedad. Las cabañas que compró en Monk Coniston Estate en 1930 las ofreció gratuitamente al National Trust. Esta generosidad fue alimentada por su deseo de salvar la tierra para la nación para que otros pudieran disfrutar del paisaje como ella lo había hecho durante tantos años.

Hill Top Farm Una propiedad del National Trust

El National Trust es un tesoro nacional. Las generosas donaciones de propiedades y terrenos realizadas a esta organización han preservado el patrimonio del Reino Unido para las generaciones futuras. Sin él, los desarrolladores habrían intervenido y habrían antepuesto las ganancias a la preservación, como ha sucedido en tantos otros países del mundo.

RECUERDOS PERSONALES EN EL DISTRITO DE LOS LAGOS:

Recuerdos de un paseo circular desde Bowness-on-Windermere hasta Hill Top y viceversa.

En el ferry desde Bowness al inicio de la caminata con nuestras hijas Angie y Amy.

Una parada para tomar fotos encima de una roca. El lago Windermere está al fondo. Esta caminata no estaba en la guía Pathfinder. Usamos mapas de Ordinance Survey para guiar nuestro camino. Caminata fácil y hermoso día.

Usé mucho esta foto. Era el que estaba en nuestro sitio web y en las guías de viaje que escribí entre 2001-2004.

Tuvimos la suerte de haber tenido un clima excelente en los tres viajes al Distrito de los Lagos. Esto permitió largas caminatas de un día. La circular de Hawkshead Hill incluía el castillo de Wray, donde Beatrix Potter pasó sus vacaciones. Grasmere a Ambleside a través de Langdale Peaks y la caminata de un día con las chicas hasta Hill Top desde Bowness -on-Windermere nos brindaron recuerdos especiales. Las caminatas más pequeñas a Tarn Howes y una caminata desde Coniston alrededor del Viejo de Coniston nos brindaron más buenos recuerdos de nuestro tiempo en esta parte del Distrito de los Lagos.

PINTURAS DE NUESTRA ÉPOCA EN THE LAKE DISTRICT:

11 x 14 Oil

Esta pintura llamada "La puerta abierta" proviene de una foto tomada en nuestro paseo hasta Hill Top en 2003 con las niñas. Esta era una escena típica con los muros de piedra, las ovejas en los campos y las colinas al fondo. Fue un paseo encantador.

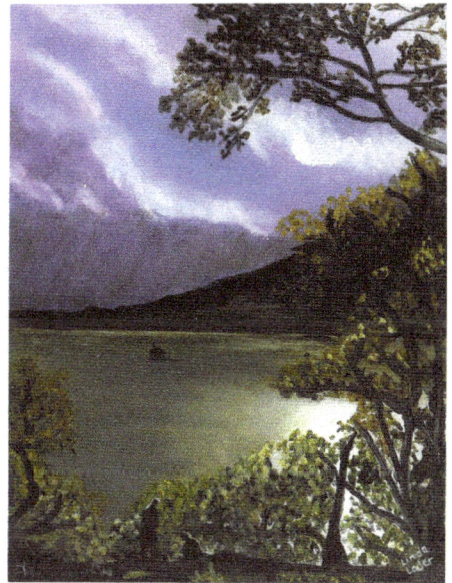

11 x 14 - Oil

Esta pintura en realidad proviene de una postal titulada "Luz de luna sobre Ullswater". Me gustó el ambiente de la pintura de una pareja mirando el lago iluminado por la luna.

12 x 16 – Oil

Esta pintura se llama Langdale Pikes y fue pintada a partir de una foto tomada cuando caminábamos desde Grasmere a Ambleside pasando por Langdale Pikes en la ruta. El lago en primer plano y las montañas a lo lejos vuelven a ser típicos del Distrito de los Lagos.

16 x 20 – Oil

Círculo de piedras de Castlerigg - cerca de Keswick:

Descubrimos este círculo de piedras prehistórico durante nuestro viaje en 2003. Es uno de los 1.300 círculos de piedras que hay en las Islas Británicas y Bretaña. Fue construido durante el Neolítico Final y la Edad del Bronce Temprano. Fue impresionante tanto por su ubicación como por su tamaño. Recuerdo haber leído en una de las placas que se utilizaba como zona de "intercambio de esposas". Si un hombre no estaba satisfecho con su pareja elegida (o elegida para él), podía traerla a este círculo de piedras y esperar cambiarla por un modelo más satisfactorio. Nunca deja de sorprenderme las indignidades que las mujeres han tenido que afrontar, "desde siempre". De todos modos, fue una visita memorable y de ella resultó este cuadro.

Notas finales sobre el Distrito de los Lagos:

En nuestros tres viajes a esta zona, vimos muchas cosas que nos interesaban y realizamos algunos paseos increíbles. La zona en la que nos alojamos está en el corazón del Distrito de los Lagos y es la más turística debido a las numerosas atracciones. La cantidad de atracciones que vimos significó que nuestra proporción de visitas a paseos cambió para favorecer las visitas. En lugar de un 70% caminando y un 20% visitando, aquí era más 50 - 50. El alojamiento incluyó 1 cabaña, 1 tiempo compartido de dos habitaciones y 1 B&B. El clima puede ser un problema aquí, pero lo visitamos en verano y disfrutamos de un clima cálido y encantador, así que tuvimos suerte. Muy recomendado si quieres disfrutar de los sitios y caminar por los senderos.

LA CIUDAD DE YORK:

Puerta de Entrada al norte de Inglaterr

Antes de abandonar el norte, seríamos negligentes si no visitáramos la histórica ciudad de York. Esta ciudad debería estar en la agenda de todos ya que tiene un trasfondo histórico muy rico.

Mi primera mirada a York fue en **1970**, cuando exploré las famosas **murallas medievales** con mi madre. En la segunda visita, en **1978**, me acompañó mi hija de dos años, quien me "ayudó" a completar un calco de latón y a explorar **La Catedral.** En ambas visitas estábamos de gira, lo que nos dejó solo un día para ver York y el tiempo suficiente para ver una cosa, almorzar y continuar hasta nuestra siguiente parada.

Varios años más tarde, en **1995,** Trevor y yo volvimos a visitar York después de caminar por los valles de Yorkshire. En esta ocasión nos quedamos más tiempo, disfrutamos de uno de los recorridos por la ciudad y disfrutamos del ambiente en **Medieval Shambles.** También visitamos el **Centro Jorvik, el ARC (Centro de Recursos Arqueológicos) y el Barley Hall,** todos incluidos en una entrada conjunta. Nos llevamos gratos recuerdos y muchas fotografías de esta visita.

En el verano de **2003** volvimos a pasar algún tiempo en esta antigua ciudad. Esta vez nos centramos en atracciones que nos habíamos perdido en ocasiones anteriores, como el **Museo del Castillo de York y la Torre Clifford, un crucero en barco, un paseo de fantasmas, la Casa del Tesorero y el Museo Richard 111. Tomamos té en Betty's Tearoom, paseamos por las murallas medievales y descubrimos los senderos a lo largo del río Ouse.** En lugar de echar un vistazo rápido a una atracción, reservamos tres días y tuvimos mucho más tiempo para explorar y disfrutar nuestra estadía.

Esto es lo que recomendaría a cualquiera que visite **York.** Hay TANTO que ver, que una visita rápida de paso no le haría justicia.

La lista de atracciones que he destacado anteriormente no está completa. Hay mucho más. *Yo diría que una visita obligada sería caminar a lo largo de las murallas medievales y ver la ciudad desde lo alto. Recuerdo que me impresionó el Dean's Garden de la Catedral de York y disfruté del museo Richard 111 en Monk Bar en esa pared. El Centro Jorvik también es una visita obligada en los viajes en el tiempo, ya que vivirá una experiencia que recuerda a la York de la época de los vikingos. Los museos son muy prácticos, lo cual fue divertido y absorbente. El Castillo de York le brindó experiencias históricas, incluida la oportunidad de experimentar la vida victoriana.*

Una visita a York es memorable y merece más tiempo que una parada por la tarde. También le permite explorar una ciudad de importancia histórica en Gran Bretaña, además de brindarle una introducción a los Moros y Valles del Norte o una última mirada a estas áreas de Inglaterra antes de dirigirse nuevamente al sur.

Por último, le ofrece un "paseo" muy interesante antes de tomar la A1/M1 y conducir un poco antes de poder comenzar su exploración de **"The Peak District", nuestra próxima área de interés y descubrimiento en Inglaterra"**.

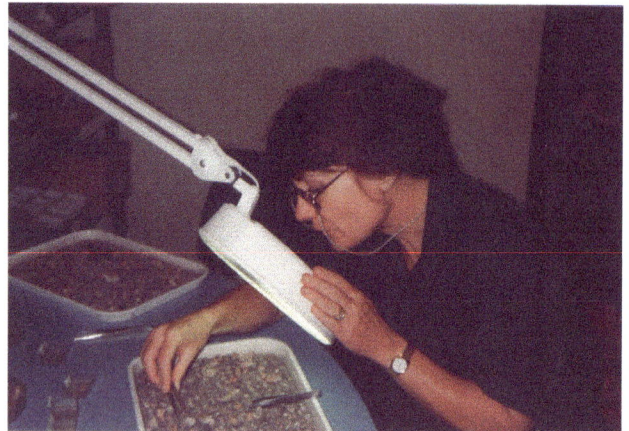

Es divertido visitar el ARC (Centro de Recursos Arqueológicos). Está ubicado en una iglesia medieval restaurada y es el primer centro arqueológico práctico de Gran Bretaña. Los visitantes pueden admirar auténticas antigüedades romanas y vikingas y huesos auténticos de 1000 años de antigüedad, así como explorar un pozo de basura vikingo. El billete para ARC se unió con uno para el centro de Jorvik, así que planea ver ambas atracciones el mismo día.

Con 4,8 km (3 millas), las **murallas de la ciudad** son las más largas de Inglaterra. Caminarlos te permitirá tener la experiencia única de observar York desde una posición elevada. Entras a las murallas a través de uno de los bares o puertas de entrada a la ciudad.

Bootham bar es la única puerta que aún se encuentra en el sitio de una romana. Partes de su estructura datan del siglo XII, mientras que los dos pisos superiores se agregaron en el siglo XIV.

York Minster es la iglesia medieval más grande de Inglaterra, se comenzó a construir en 1220 y se completó 250 años después. Alberga la mayor colección de vidrieras medievales de Gran Bretaña.

1. El Rosetón se encuentra en el crucero sur. Se dice que conmemora el matrimonio de Enrique V11 con Isabel de York, lo que significa el final de la Guerra de las Dos Rosas.

Los recorridos en barco por el río Ouse le brindan una nueva perspectiva de la ciudad de York; uno del agua. A lo largo de las orillas del río hay buenos senderos para caminar que permiten hacer ejercicio y explorar más la ciudad.

Aquí hay una pintura de 16 x 20 que hice de una escena del interior del **Museo del Castillo de York.** Este museo representa la vida cotidiana en una muestra de un comedor jacobeo, una cabaña en el páramo y la calle adoquinada Kirkgate, por la que se puede caminar, mirar los escaparates y experimentar la vida victoriana. También tienen un bonito salón de té aquí.

Aquí hay un mapa del muro y las atracciones que se encuentran dentro de sus límites. Es bueno agrupar tus visitas en aquellas que tienen entradas conjuntas o están muy cerca unas de otras. Hay mucho que ver y todo interesante.

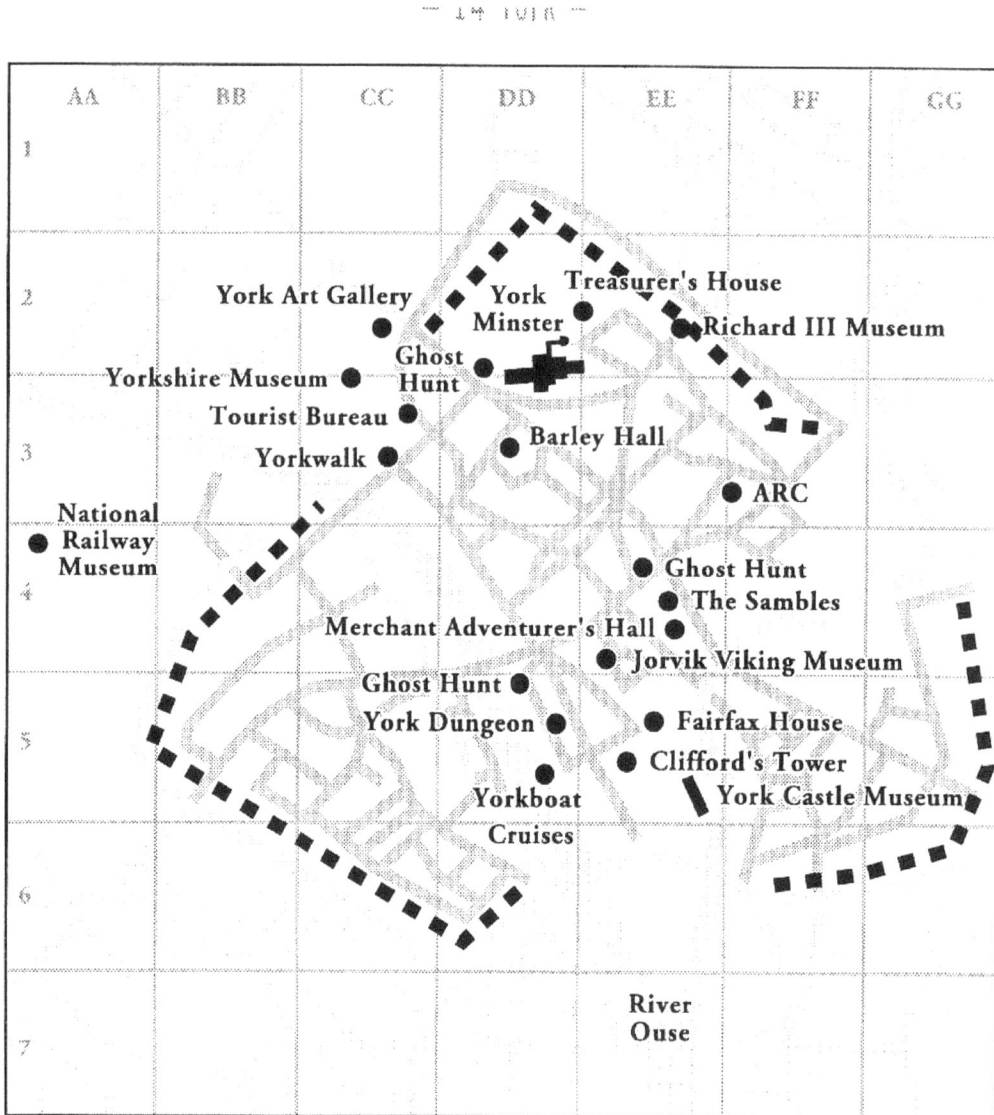

SIGHTSEEING MAP OF YORK'S ATTRACTIONS:

Ghost Hunt – EE4, DD5,DD2
Yorkboat Cruises – DD5
Yorkwalk – CC3
Tourist Bureau – CC3
Jorvik Viking Museum – EE4
Clifford's Tower – EE5
National Railway Museum – AA4
York Art Gallery – CC2
Barley Hall – DD3
Treasurer's House – DD2

York Minster – DD2
Medieval Walls ■ ■ ■ ■
Shambles – EE4
ARC – FF3
York Castle Museum – EE5
Yorkshire Museum – CC3
Richard III Museum – EE2
Fairfax House – EE5
Merchant Adventurer's Hall – EE4
York Dungeon – DD5

The Peak District: El Distrito de los Picos

El Peak District, una zona llamada **"Derbyshire",** está idealmente ubicado en Midlands, lo que lo convierte en un lugar perfecto para explorar después de abandonar los Northern Parks. No es necesario un largo viaje de regreso al sur, pero sí la oportunidad de detenerse durante unos días, una semana o más y disfrutar de lo que este Parque Nacional tiene para ofrecer.

Es una zona por la que comienza el *Pennine Way*, un camino MUY LARGO por la columna vertebral de Inglaterra. Además está rodeada de grandes ciudades como Manchester, Sheffield y Leeds lo que hace que su presencia sea aún más apreciada por quienes pueden escaparse al campo desde sus enclaves urbanos y disfrutar de la naturaleza y del placer de hacer senderismo en ella.

Mi primera vista de la zona fue en 1978. Habíamos alquilado una furgoneta y nos dirigíamos al sur desde Escocia para devolver la furgoneta a Londres. Íbamos por la M5 y buscábamos un lugar donde pudiéramos aparcar la furgoneta durante la noche. Obviamente, no en las carreteras M, así que nos desviamos, pasamos algunos pueblos, uno de ellos Macclesfield, y nos dirigimos hacia Buxton en el Parque Nacional.

El clima cambió repentinamente. Las nubes entraron oscureciendo el cielo y empezó a llover de manera que era muy difícil ver dónde estábamos. Habíamos pasado por la zona urbanizada y estábamos en terreno abierto cuando de repente vi una "parada" conveniente al costado de la carretera. Lo tomamos. Estábamos completamente "en una nube". Estaba húmedo, brumoso y turbio por todas partes, pero estábamos lo suficientemente alejados de la carretera para que fuera seguro, así que decidimos pasar la noche.

El día siguiente amaneció luminoso y soleado y ¡qué sorpresa! Estábamos en lo alto, con hermosas escenas campestres extendidas debajo de nosotros. Las carreteras y la urbanización que habíamos dejado atrás habían desaparecido por completo y estábamos en un hermoso "Shangri-la", una tierra representada en la novela "Horizonte Perdido". Nunca olvidé esa experiencia. Mi primera visión de **"The Peak District".**

Para cualquiera que viaje con niños, recomiendo alquilar una furgoneta. Esta es una Bedford Van y nos sirvió bien. Nuestra pequeña casa sobre ruedas era acogedora y conveniente y se ganó su estadía esa primera noche en Peak District. Angie no tenía ni dos años en ese momento y era una excelente viajera tanto dentro como fuera de la furgoneta.

Como descubrí más tarde, cuando continuamos visitando los Peaks en nuestro camino hacia el norte, el Peak District fue el primer Parque Nacional establecido en el Reino Unido en 1951. **Se encuentra principalmente en el norte de Derbyshire, pero también incluye partes de Cheshire, Greater Manchester, Staffordshire, Yorkshire Occidental y Yorkshire del Sur.**

Este es el patio de recreo de las poblaciones de las Midlands procedentes de las ciudades de Manchester, Stoke-on-Trent, Derby y Sheffield y se estima que 20 millones de personas viven a una hora de viaje de los Peaks.

Además de los espacios abiertos, ¿qué atrae a la gente a esta zona de Inglaterra? Hay una larga historia de ocupación en la zona que se remonta a los romanos y anglosajones. Hay agricultura y minería que fueron importantes desde la Edad Media y más tarde Richard Arkwright construyó fábricas de algodón al comienzo de la revolución industrial. **(Referencia - drama televisivo "Norte y Sur")**

El turismo creció con la llegada de los ferrocarriles y el atractivo del paisaje. Los visitantes acudieron en masa a la ciudad balneario de Buxton; Castleton tenía cuevas para explorar y Bakewell, la única ciudad del Parque Nacional, también atrajo a muchos visitantes.

También acudieron en masa a las casas de campo y sitios patrimoniales que se encuentran en el Parque. Hay extensos senderos públicos, senderos para bicicletas, escalada en roca y espeleología y, recientemente, un nuevo sendero de larga distancia de 190 millas llamado "Boundary Walk" que se estableció **en 2017.** Los senderos para caminatas están bien documentados en la Guía Pathfinder y otras referencias que tienen Nos ayudó a planificar nuestras excursiones de senderismo en cada una de nuestras visitas.

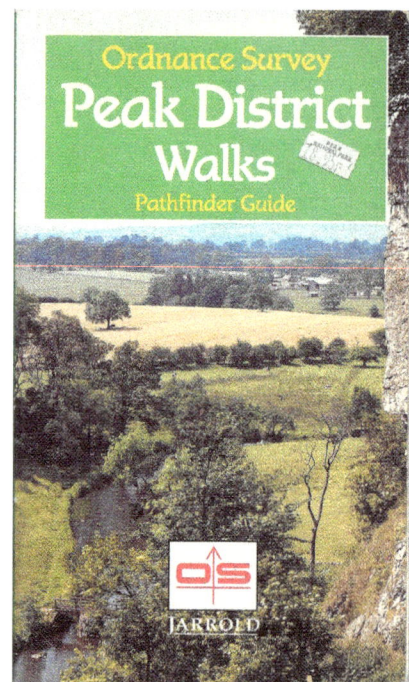

La Geología de los Picos:

El Peak District se encuentra en el extremo sur de los Peninos y gran parte del área es tierra alta y está por encima de los 1000 pies. Si bien no hay picos pronunciados, hay colinas redondeadas, mesetas, valles, gargantas de piedra caliza y escarpes de arenisca. En la parte norte del parque se encuentra Dark Peak, un páramo en gran parte deshabitado y escarpes de arenisca. En la zona central y meridional de White Peak hay asentamientos, tierras de cultivo y desfiladeros de piedra caliza.

El Parque Nacional cubre 555 millas cuadradas y es el quinto parque nacional más grande de Inglaterra. El National Trust posee aproximadamente el 12% del terreno, incluidas algunas de las áreas ecológica o geológicamente importantes del parque.

Ahora que ya tienes una idea general de la naturaleza del **Parque Nacional Peak District,** me voy a centrar en las tres zonas que hemos explorado, empezando por **Buxton,** un pueblo cercano a donde paramos en la furgoneta hace 42 años.

PRIMERA PARADA: BUXTON:

Como puede ver en el mapa, Buxton técnicamente no está en el Parque Nacional, pero está lo suficientemente cerca como para que pueda caminar hasta los senderos. También es un buen lugar para buscar alojamiento si estás interesado en hacer algo de senderismo. Nos alojamos allí durante 3 días en 2006 y realizamos excelentes caminatas a las que pudimos acceder desde nuestro alojamiento o después de un corto viaje en auto.

BUXTON Y SUS FANTASMAS HISTÓRICOS:

Buxton tiene una larga historia. Fue colonizada por primera vez por **los romanos** como ciudad balneario en el año 78 d.C. Entonces era conocido como *"Aquae Arnemetiae"* o el balneario de la diosa de la Arboleda.

Avance rápido hasta el período del Renacimiento. **Bess de Hardwick** y su marido, el conde de Shrewsbury, tomaron las aguas en 1569.

Otro visitante famoso fue **María, reina de Escocia,** que fue traída a Buxton por Bess de Hardwick y el conde en 1573. María estaba bajo "arresto domiciliario" en ese momento, bastante agradable teniendo en cuenta su estatus, mientras la reina Isabel intentaba averiguar saber qué hacer con ella.

Robert Dudley, el conde de Leicester, se dirigía a Buxton por consejo de la reina Isabel 1 en 1588. Había estado involucrado en la guerra contra la invasión de la Armada española durante los meses de verano e Isabel comenzó a preocuparse por el deterioro de su salud. Cuando sucumbió a su enfermedad en su albergue cerca de Woodstock en Oxfordshire el 4 de septiembre de 1588, se dirigía a Buxton con la esperanza de una cura.

La ciudad ganó importancia a finales del siglo XVIII cuando fue desarrollada por el quinto duque de Devonshire basándose en la ciudad balneario de Bath. Buxton tiene su propia "Crescent" al estilo de Bath's Royal Crescent, y The Natural Baths and Pump Room. Pavilion Gardens se inauguró en 1871 y un teatro de ópera en 1903. Es una ciudad agradable y atractiva para instalarse durante unos días o una semana mientras disfruta de las vistas y las caminatas cercanas.

👉 **Aquí en Buxton, no está lejos del lugar de un famoso evento que tuvo lugar en 1932 llamado "The Kinder Trespass". Este fue un acontecimiento importante en la campaña por el acceso abierto a los páramos en Gran Bretaña y, finalmente, condujo a la formación de los parques nacionales de Gran Bretaña. Antes de la invasión, los páramos abiertos estaban cerrados a todos. Las propiedades de los páramos eran propiedades privadas propiedad de la nobleza que las utilizaba durante 12 días al año, mientras que durante el resto del año estaban custodiadas por sus guardabosques. Después de la invasión,** *el Parque Nacional Peak District se convirtió en el primer parque nacional del Reino Unido el 17 de abril de 1951. A esto le siguió el primer sendero de larga distancia en el Reino Unido, el "Pennine Way", que se inauguró en 1965 y condujo a MUCHOS MÁS.*

Este es un paso importante para abrir el país al senderismo. ¡SÍ!

En honor a la apertura del campo a los excursionistas y excursionistas, el propio Buxton tiene un Country Park ubicado en sus márgenes al que se puede acceder a pie desde Buxton. Esto se llama **"Buxton Country Park"**.

Nos alojamos en un B&B encantador justo al lado de una carretera principal y fácil de encontrar. Al revisar Internet, al momento de escribir este artículo parece que este alojamiento en **9 Green Lane** todavía está en funcionamiento y los precios están a la par de otros cercanos. Mis notas describen nuestro B&B como "Excelente". Es una casa victoriana con aparcamiento propio y un interior espacioso. Teníamos una mesa y sillas ubicadas en un ventanal y un baño completo en el nuestro.

Disponen de 7 habitaciones que puedes reservar directamente online. Las habitaciones están en las fotos para que puedas ver cuál te conviene más. ¡Mucho más conveniente de lo que solía ser!

Desde aquí, podríamos caminar directamente hasta Buxton Country Park y realizar nuestra excursión del día. También había un restaurante italiano llamado "Michael Angelos": a unos 5 minutos a pie que usábamos para nuestras cenas.

Alojamiento:

Cada uno tiene su propio presupuesto para alojamiento. A medida que las opciones van y vienen, lo mejor es utilizar Internet para reservar un lugar satisfactorio para quedarse. A menudo hay reseñas del alojamiento para ayudarle a decidir. En los últimos años en nuestros viajes hemos optado por casas rurales pero muchas veces hay ocasiones en las que es necesario optar por B&B's u hoteles. Cuando esto ocurre, normalmente al principio o al final de nuestras vacaciones, hemos elegido la cadena "Premier Inn". Hemos encontrado que sus precios son excelentes y, aunque no ofrecen desayuno, siempre hay restaurantes en el lugar donde podemos obtener nuestras selecciones continentales o cocinadas. Las camas son excelentes, hay WIFI gratuito y las habitaciones suelen ser de buen tamaño. Sin embargo, son uniformemente iguales. Si desea un dormitorio con más carácter, los B&B en casas reformadas como el de arriba se lo darán. Tienen tarifa individual pero suelen anunciar el precio por habitación y no por persona. Si no tiene que comprar el desayuno, probablemente esté pagando un precio similar al del Premier Inn. Una cosa que notamos es que si te quedas más tiempo en algunos hoteles, obtienes una mejor tarifa. En ambos casos, sin embargo, tendrás que cenar fuera, por lo que tener restaurantes o pubs cerca es una ventaja.

1. Paseo por el parque rural de Buxton:

Este paseo se encuentra en la periferia sur de Buxton y accedemos al parque sin utilizar el coche. Si opta por utilizar el coche, podrá aparcar en el aparcamiento Grin Low.

La historia de este parque se remonta a uno de los duques de Devonshire que organizó la plantación de árboles para ocultar los vertederos provocados por siglos de canteras y quema de cal. **Grin Quarry** fue recuperada y ajardinada como lugar para caravanas en 1982.

Otras características del parque es una torre llamada **"Templo de Salomón"** construida en 1896 por Solomon Mycock para dar trabajo a los desempleados. Se encuentra en una colina de 1.440 pies de altura y desde ella se tienen maravillosas vistas de Buxton.

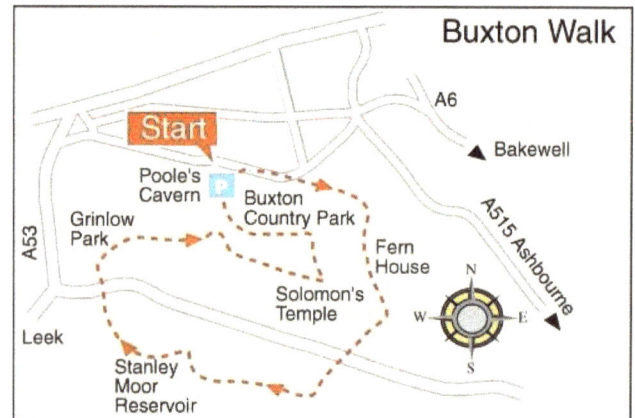

Dirigiéndose cuesta abajo desde esta característica en dirección a la ciudad, llegará a **Grin Woods,** un área de 100 acres de bosque plantado por el Duque en 1820. Continúe por el bosque y busque las señales hacia **Poole's Cavern.** Se trata de una impresionante cueva natural que lleva el nombre de un presunto forajido medieval e históricamente ha arrojado artefactos romanos, lo que indica su larga historia.

Esta es una caminata relativamente corta que lo lleva en círculo de regreso a Buxton, pero hay mucho que ver. En nuestra caminata nos encontramos con un granjero en el proceso de bañar ovejas, lo cual fue interesante de ver. Las vistas eran maravillosas y, aunque nos saltamos la cueva en nuestra excursión, disfrutamos inmensamente de nuestra caminata por la tarde.

Aquí nos dirigíamos hacia el Templo de Salomón cuando vimos la oveja.

Aquí está el Templo de Salomón y al lado la vista de Buxton abajo.

2. CAMINATA DE LOS TRES CONDADOS:

Nuestra segunda caminata desde Buxton transcurre principalmente por páramos salvajes y comienza en un conocido pub llamado **"The Cat and Fiddle Inn"**, conocido por ser el segundo hotel más alto del Reino Unido. Esta es una caminata con buen tiempo, ya que desea poder apreciar las amplias vistas en todas direcciones y la sensación de amplitud y libertad que se obtiene al experimentarla. La caminata y el paisaje recuerdan mi primera vista del Peak District en 1978 y, de hecho, esta caminata está en la ruta de Macclesfield a Buxton, por lo que es probable que sea lo que vimos cuando las nubes se levantaron y salió el sol.

El título proviene del hecho de que tres condados se encuentran en un punto medio en Three Shires Head, un lugar donde no solo los arroyos y caminos se encuentran en un puente de caballos de carga, sino que también convergen los condados de Cheshire, Staffordshire y Derbyshire. Habíamos caminado solos durante la mayor parte del día cuando de repente nos encontramos con varias personas agrupadas en un puente y dando vueltas. Nos preguntamos ¿por qué? Fue más tarde, cuando consultamos nuestra guía, que conocimos la importancia del lugar.

Aparcamos en la posada que tiene 500 metros de altura. Fue construido para dar servicio a la nueva autopista de peaje terminada en 1823, que más tarde se convirtió en la actual ruta A537 - Macclesfield a Buxton y en la que nos encontramos en 1978. Esta es una zona popular para excursionistas, ciclistas y automovilistas que pueden disfrutar de la amplios paisajes desde su propia elección de transporte: ruedas, bicicletas, a pie. La caminata documentada es la número 17 en la Guía Pathfinder y es de 7 ½ millas o una caminata de 4 horas.

Caminata de los Tres Comarcas
- Punto de Partida:

Aquí está el punto de partida del paseo: el segundo pub más alto de Inglaterra. Cuando regresamos unas horas más tarde, había muchos excursionistas y ciclistas en el estacionamiento.

Aquí tenéis un mapa esquemático de la caminata. Creo que hicimos una variación, pero vimos todos los lugares de interés y, por supuesto, el paisaje de los páramos, que fue espectacular. Hacia el final del día, las nubes estaban apareciendo como se puede ver en las imágenes de arriba, pero la mayor parte del día estuvo despejado y seco.

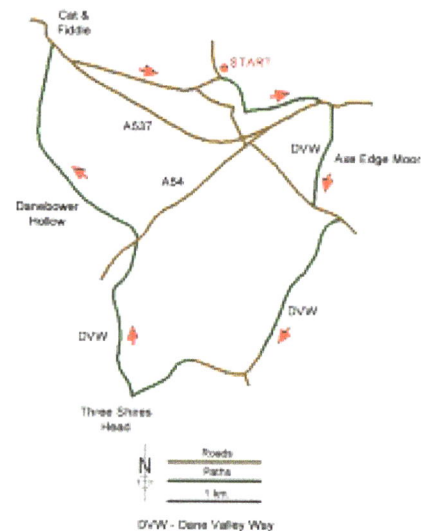

Aquí estamos en el lugar de encuentro de Three Shires junto al Pack Horse Bridge. Le pedimos a un compañero excursionista que nos tomara una foto.

Tomas de Paisajes y Vistas a lo largo del Sendero:

El paisaje era maravilloso. Tan expansivo como si pudiera durar para siempre. Aquí está Trevor tropezando. Nada mal para una persona de 75 años.

Si bien los excursionistas eran pocos en el terreno, las ovejas eran nuestras compañeras constantes.

Excursionistas en el sendero, algunos de los pocos que vimos ese día. Los caminos son claros y fáciles de recorrer, a menudo sobre asfalto. Lo primero que recordará son las vistas y la apertura del paisaje. Te hace sentir libre mientras caminas en el mundo natural y eres uno con la naturaleza y las criaturas que la habitan: las ovejas.

CASTLETON:

Castleton es una excelente parada durante unos días o una semana y cuenta con varias atracciones de senderismo para atraerlo. Nos hemos alojado allí al menos 3 veces en nuestras caminatas hacia el norte y hemos disfrutado de una variedad de experiencias en nuestras visitas.

Castleton está ubicado en el límite de Southern White Peaks o Limestone Dales y el área de Northern Millstone Grit o Black Peak. Mencioné anteriormente que los Picos del Norte se componen de páramos abiertos y salvajes con poca vivienda. También es el inicio de *Pennine Way* y el sitio de *"La Gran Invasión"*, que fue responsable de abrir el terreno con parques nacionales y rutas de senderismo. Sin este cambio trascendental, Gran Bretaña habría estado sujeta a la desventaja de las "tierras privadas" que en la mayoría de los demás países impide a los ciudadanos disfrutar de la libertad de deambular. Ha hecho que Gran Bretaña esté excepcionalmente disponible para explorar a pie y descubrir los tesoros históricos escondidos del paisaje. Sus ciudadanos y visitantes pueden disfrutar de la libertad al aire libre que a menudo se les niega en otros países. Es la razón por la que hemos viajado allí con tanta frecuencia y seguimos disfrutando de nuestras experiencias de senderismo por toda Gran Bretaña.

Es importante mirar hacia atrás y confiar en la memoria en lugar de en las referencias. Lo que ha quedado en mi memoria son los momentos más destacados de nuestras visitas y, por tanto, dignos de mención. Lo insignificante ha desaparecido de nuestro mapa mental así que no me molestaré en ello.

Nuestro alojamiento en Castleton siempre fue B&B, ya que nos quedamos entre 2 y 3 días en cada ocasión. Esto fue particularmente útil en una ocasión en la que me rompí un diente y nuestra casera me envió a su dentista para que lo arreglara. El toque personal siempre es un placer. No lo habría tenido si viviéramos en un hotel.

Castleton

Castleton es similar a **Kettlewell** en los valles de Yorkshire. Es un pequeño pueblo de piedra caliza con un río que lo atraviesa y una zona de senderismo a la vuelta de la esquina. La mayoría de nuestras caminatas no requirieron un automóvil. Los paseos fueron memorables, pintorescos y de fácil acceso desde nuestro alojamiento.

Lo más destacado del área de Castleton:

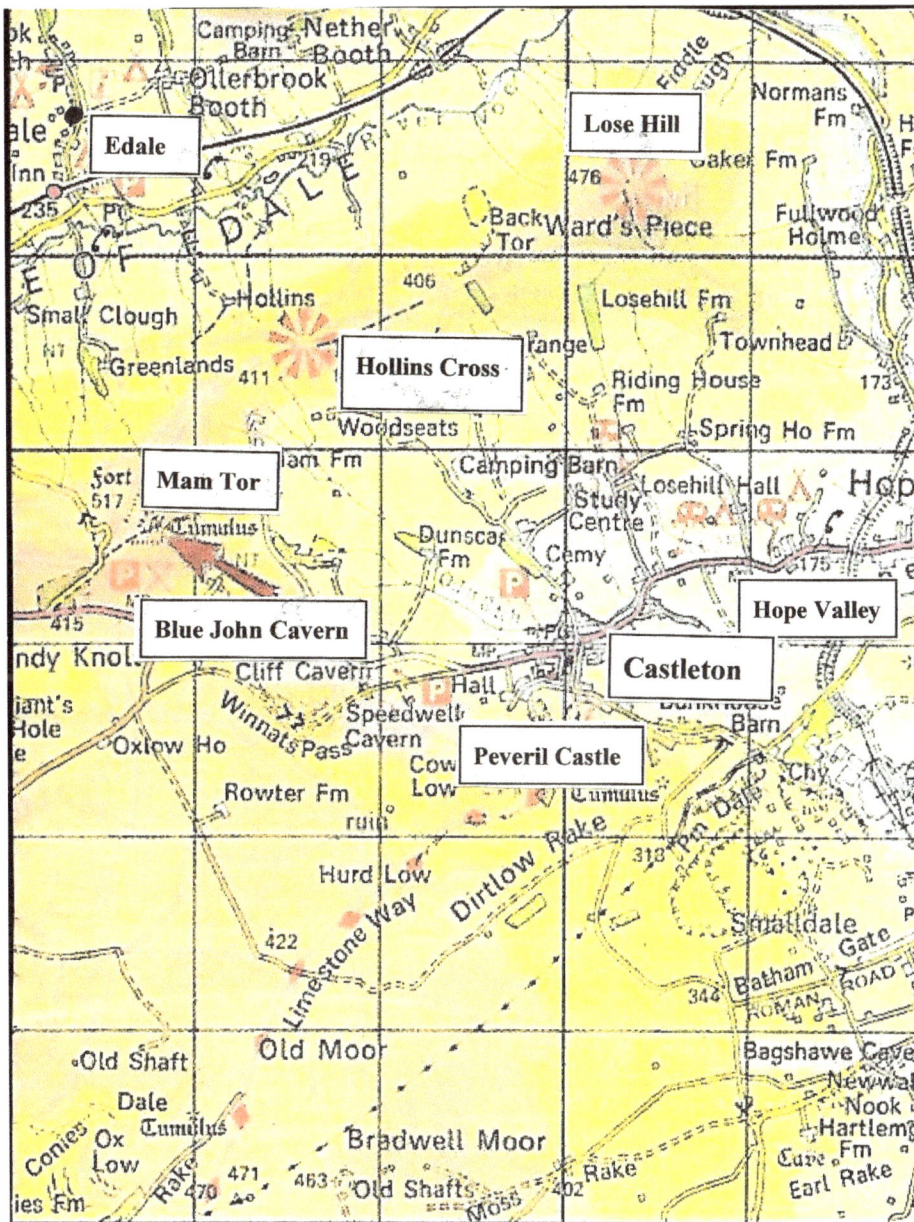

Aquí hay un mapa del área de Castleton que muestra los aspectos más destacados de nuestras visitas allí. Para llegar a **Castleton**, la ruta más fácil es desde el este por la M1 hasta el área de Sheffield y luego hacia el oeste hacia Hathersage y Hope Valley. Llegando desde Buxton, la ruta es más indirecta, dejándote sin otra opción que tomar una ruta circular a muchos kilómetros de tu camino. Esta es la zona fronteriza de altos páramos y pasos de montaña. Hay menos ciudades y pueblos y grandes extensiones de páramos donde no existe ningún transporte. Arriba, en **Edale,** el primer sendero de larga distancia, **"The Pennine Way",** que se inauguró en 1965, comienza a través de los páramos.

49

Estacione su auto, instálese y disfrute de su experiencia "a pie" en Castleton. La ciudad puede llevar el nombre del castillo local: el **castillo de Peveril.** Esta estructura domina el paisaje local. El castillo, que se encuentra en ruinas, fue encargado por William Peveril en 1086 después de haber sido recompensado por sus contribuciones al éxito de la invasión de Inglaterra por parte de Guillermo el Conquistador en 1066. Así fue como los partidarios fueron recompensados en una campaña exitosa: a través de tierras a menudo arrebatadas a los lugareños.

El castillo está situado en lo alto de un peñasco y está rodeado de un paisaje fantástico. Mira hacia la pequeña ciudad comercial de Castleton y ofrece amplias vistas en todas direcciones, lo que la convierte en un lugar ideal en tiempos de incertidumbre. El lado norte está custodiado por un alto muro de piedra que aún está completo. El camino hasta el castillo es empinado, pero las vistas, una vez allí, lo convierten en una experiencia estimulante.

Trev looking out over the ramparts.

El castillo de Peveril es una propiedad del **patrimonio inglés.** He mencionado a National Trust antes. Existe una segunda organización cuya principal preocupación es la preservación de los edificios históricos. En esta organización se encuentran más castillos y abadías, mientras que National Trust tiene una mayor proporción de propiedades y casas señoriales.

Tenemos membresías en ambas organizaciones para que estemos cubiertos y no tengamos que pagar las tarifas de entrada. Debería decir más sobre la membresía.

English Heritage y National Trust administran la mayoría de las casas y propiedades históricas que probablemente visite. También hay algunas propiedades privadas, pero estará bien cubierto si tiene las membresías mencionadas anteriormente. Un año, queriendo saber si valía la pena ser miembro, sumé los costos de nuestras visitas y los comparé con el costo de una membresía conjunta. ¡No hubo concurso! Habíamos agotado el costo de la membresía después de solo unas pocas propiedades, por lo que compramos un par de membresías por un año por poco más de £100, lo que nos permitió acceso gratuito a los sitios durante el resto de nuestras vacaciones. Hemos renovado nuestras membresías cada año desde entonces.

Si bien descubrir un castillo antiguo puede ser el tema principal de su agenda, es posible que también desee verlo de paso y regresar para explorarlo más tarde. Hay una pantalla de información antes de ascender al castillo que le indicará los horarios de apertura y el costo antes de subir la colina. Un agradable paseo por Cave Dale le permitirá disfrutar de un punto de vista diferente del castillo que se alza sobre usted. Puedes seguir las indicaciones hacia Peak Cavern, que te llevarán a un espectacular acantilado y a la entrada a una de las muchas cuevas de la zona.

CAVERNA DE JOHN AZUL

La cueva que visitamos fue la famosa Blue John de la que se extraía un mineral llamado "fluorita". El mineral es escaso y actualmente sólo se extraen unos pocos cientos de kilogramos cada año para crear joyas. Recuerdo haber comprado un colgante azul oscuro, un souvenir bastante práctico. Blue John es una cueva de espectáculos. La minería real se lleva a cabo en otra caverna de la zona.

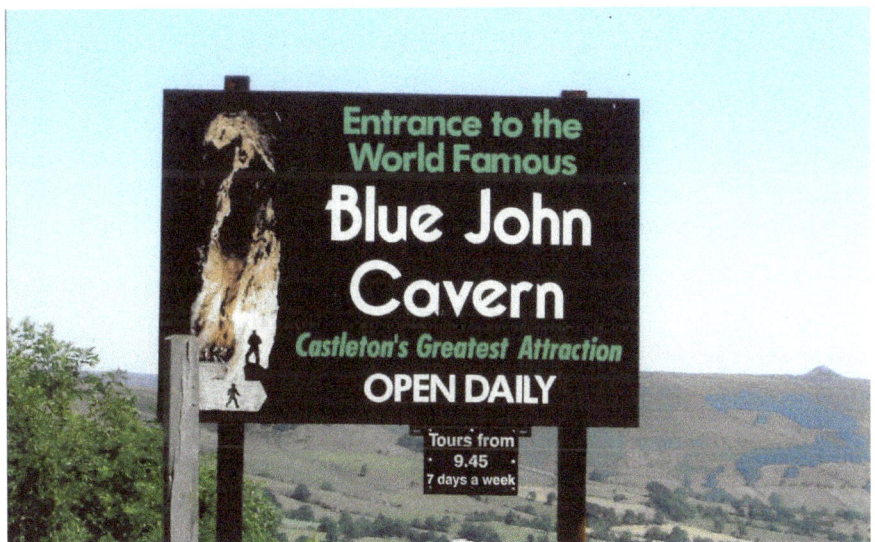

El descenso de 45 minutos va acompañado de una charla informativa y te lleva a la caverna más profunda de Inglaterra. El descenso te llevará 244 escalones hacia las profundidades de la cueva y, por supuesto, volverás a subir. Hay aparcamiento gratuito en la Caverna si has cogido tu coche. A 100 metros de la carretera encontrará otra atracción que no debe perderse: el sendero hacia **"Mam Tor"** o **"La Montaña Temblorosa"**. El camino está bien definido y terminará en la cima pavimentada, lo que le brinda maravillosas vistas de Edale y los High Peaks más allá. Sin embargo, le dedicaría un día completo a esta maravillosa caminata que describiré en imágenes en la página siguiente.

Llegar a Mam Tor desde las cuevas es un atajo; la caminata completa y más maravillosa se encuentra en la página siguiente.

Castleton y Mam Tor: #11 en la Guía Pathfinder:

Esta caminata comienza en Castleton y se dirige hacia el castillo de Peveril y la ruta Cave Dale, que es un ascenso largo y constante. Después de nivelarse, se vuelve a subir hasta la cima del Mam Tor, de 500 metros de altura. A continuación, disfrutará de la caminata por la cresta más pintoresca del Peak District. De un lado tienes Hope Valley y del otro, el Valle de Edale. Las escenas expansivas son maravillosas. Puede continuar por esta cresta hasta otro pico que es Hollins Cross y, si lo desea, otro pico que es Lose Hill. El descenso a Castleton mencionado en la caminata designada se realiza en Hollins Cross. Sin la caminata adicional a Lose Hill, los detalles de la caminata son los siguientes:

Caminata por Castleton y Mam Tor Ridge:

Empieza: Castleton
Distancia: 6 millas (9,5 km)
Tiempo para completar: 3 horas
Refrescos: Pubs y cafeterías en Castleton.

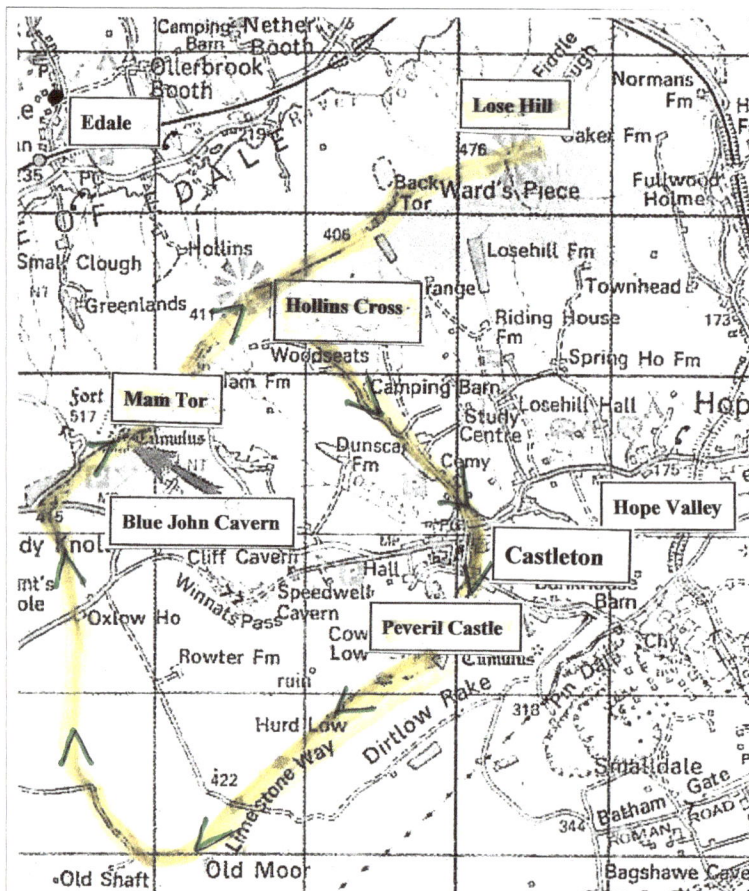

ESCENAS DEL PASEO:

Este es el camino que conduce desde la cima de **Mam Tor.** Amplio, pavimentado y fácil. La parte difícil es subir a la cima antes de ser recompensado con maravillosas vistas a lo largo de este sendero de cresta.

Las cumbres de los tres picos están marcadas con mojones o montones de rocas para indicar la ubicación de la cumbre.

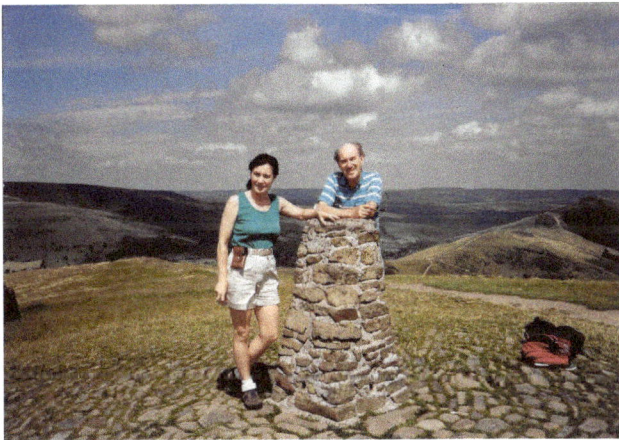

Los Tres Picos a lo largo de esta ruta son:

1. Mam Tor
2. Hollins cross
3. Lose Hill

> **Descubrimos que Mam Tor se remonta a mucho tiempo atrás, a la Edad del Hierro. Es un antiguo castro.**

Esta es la vista que te saluda mientras caminas por este sendero de cresta. A la izquierda están los páramos abiertos y los picos altos del Northern Peak District, donde se encuentra "The Pennine Way", que comienza en Edale. A la derecha está Hope Valley y Castleton cuando decides descender nuevamente después de una tarde de vistas espectaculares.

Recuerdo que caminamos toda la distancia hasta Lose Hill antes de descender a Castleton. Esto añadió algunos kilómetros al total, pero ciertamente valió la pena el esfuerzo.

EXCURSIONES SECUNDARIAS DESDE CASTLETON:

Explorador más amable

Estando en la zona vale la pena descubrir qué más hay de interés. Exploramos un castillo, una cueva y tuvimos un paseo maravilloso. Para los verdaderamente ambiciosos, una exploración de **Pennine Way** es una sugerencia. Caminamos hasta **Edale** y comenzamos una caminata hasta **Kinder Scout,** un punto elevado a unas 2 millas a lo largo del sendero. Empezó bien pero se acortó por culpa del tiempo. Decidimos pecar de cautelosos y regresamos a Edale y caminamos de regreso a Castleton.

Una nota en nuestra Guía Pathfinder hablaba sobre el clima y las caminatas por los páramos.

"Los páramos sin características presentan pocas dificultades para encontrar rutas cuando hace buen tiempo, pero con mal tiempo y cuando la visibilidad es mala, no debes intentarlo a menos que seas un caminante experimentado y capaz de usar una brújula".

Este es el comienzo del "Pennine Way" en Edale. La primera parte del sendero fue buena y se pudo caminar con facilidad.

Primero aparecieron las rocas y la caminata se volvió muy difícil.

Luego llegaron el viento y la lluvia. Regresamos corriendo a Edale y comenzamos una caminata lluviosa hasta Castleton.

HATHERSAGE EN BUSCA DE DOS FANTASMAS HISTÓRICOS:

Antes de continuar hacia el sur hasta Bakewell, nuestra tercera opción para una estadía corta, una parada "en el camino" en **Hathersage,** unas pocas millas al este de Castleton, sería una excelente opción. Dos fantasmas históricos están asociados a este pueblo así que descubramos quiénes son.

En busca de "Jane Eyre" de Charlotte Brontë

Si bien las hermanas Brontë están asociadas con el pueblo de Haworth, que es donde se encuentra el Museo Brontë Parsonage en su antigua casa, sus escritos abarcan muchas áreas locales, una de las cuales es **Hathersage.** En su novela "Jane Eyre", Charlotte Brontë basó el pueblo ficticio de Morton en Hathersage, donde se había alojado en 1845. La siguiente postal que compré durante nuestra visita allí le brinda las diversas asociaciones en Hathersage que provienen de la novela.

Discovering locations used in literature, T.V. and movies is most interesting. One often goes in search of these locations as part of the experience of travel. This was a discovery we made quite by accident when we visited Hathersage in 1998.

La conexión del Pequeño John:

Es probable que **Hathersage** sea más conocido por el lugar de la tumba de Little John que por cualquier otra cosa. Little John, por supuesto, era el nombre del lugarteniente de Robin Hood. El cementerio tiene una gran tumba debajo de los tejos en la esquina suroeste que lleva la etiqueta de Little John. Para respaldar esta afirmación hay varias historias y hechos de los que se ha informado al público.

1. La Ctabana:

Había una cabaña que se encontraba en el lado este de la iglesia hasta bien entrado el siglo XIX y que tenía fama de ser la cabaña en la que murió Little John. En 1847 su ocupante era una mujer de 70 años que tenía la historia de su padre, que había muerto 20 años antes, a la edad de 92 años. La historia le fue transmitida por generaciones anteriores.

2. The Thigh Bone: El Hueso del Muslo:

También recordó que el capitán James Shuttleworth abrió la tumba y se descubrió un muslo de 32 pulgadas de largo. Esto indicaría un hombre de dos metros de altura. La tumba original, según algunas autoridades, podría haber sido una piedra de 600 años de antigüedad en el pórtico de la antigua iglesia.

3. 3. El lazo y la Gorra:

También es un hecho que en un momento hubo en la iglesia un largo arco y una gorra que se decía que era de Little John. Un antiguo escudero se llevó el arco para guardarlo.

El cementerio donde se encuentra la supuesta tumba de Little John. Mucha evidencia circunstancial y la tradición local dan crédito a la leyenda, pero siempre será probable que esté abierta a disputas.

Explorando el área de Bakewell:

Si recordamos nuestras visitas al Peak District, nuestras experiencias en el área de Bakewell han sido más numerosas que en los otros dos lugares. Hemos estado aquí al menos cuatro veces durante los años 90 y posteriormente en 2006. Las razones para esto son muchas, pero una es la fácil accesibilidad de Bakewell. Si viene hacia el norte por la M1, es una ruta directa a través de Chesterfield para llegar a Bakewell y los pueblos que lo rodean.

Una segunda razón es que hay muchas atracciones históricas e interesantes en esta zona que queríamos descubrir.

Una tercera razón, por supuesto, es el senderismo.

La accesibilidad a Bakewell fue lo que nos trajo aquí en primer lugar. Las otras dos razones nos hicieron regresar. Este es entonces el tercer lugar en el que recomendaríamos ubicarnos si visitamos Peak District. Solíamos confiar en los B&B recomendados y, sin excepción, eran excelentes y estaban muy bien ubicados para caminar desde la puerta. Sin embargo, siempre consulte Internet para obtener actualizaciones.

Dos de los alojamientos en los que nos hemos alojado todavía aparecen en Internet: **1. Bole Hill Farm Cottages 2. The Hollow - Little Longstone.** Ambos están altamente recomendados por Trip Advisor. Ambos son cómodos, tienen carácter y están cerca de las atracciones y rutas de senderismo disponibles en la zona.

Si estás pensando en alojarte en una casa rural, hemos recurrido en multitud de ocasiones a las siguientes empresas.

1. Blue Chip Cottages: estas cabañas son excelentes y de alta calidad con todos los extras que cabe esperar.

2. Sykes Cottages: otra empresa que hemos utilizado y quedamos muy satisfechos con la calidad de las propiedades.

3. Trip Advisor: esta fue la última compañía que utilizamos: el año de Covid 19 en 2020 cuando se canceló nuestro viaje. Recibimos un reembolso completo por el alquiler de la cabaña, incluido el depósito.

Bole Hill Cottages: 5* 2 miles from Bakewell 8 cottages in courtyard setting

1. The Hollow: 5* B&B located close to the Monsal Trail.

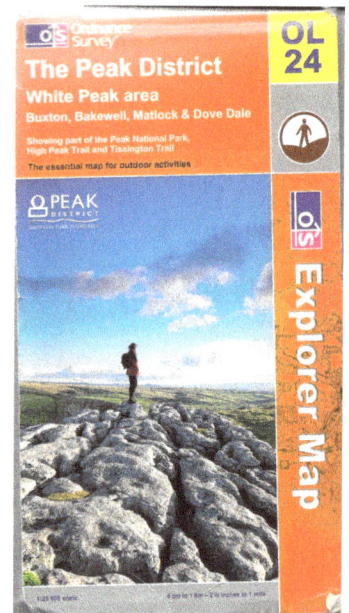

Nos gustaron estos dos lugares por su fácil acceso para practicar senderismo desde la puerta del alojamiento. **Bole Hill Cottages** nos dio fácil acceso a **Lathkill Dale** y nos llevó a **Monyash.** Una interesante caminata de un día desde la puerta.

The Hollow estaba ubicado en **Monsal Trail,** una línea ferroviaria en desuso convertida en un sendero que nos llevaba a Bakewell en una dirección o a **Monsal Head** y más allá en la otra.

Para estas caminatas y muchas otras en esta área, utilizamos los **"Mapas de estudio de artillería".** Estos mapas brindan gran detalle, incluso muestran "Bole Hill Farm". Esto nos permitió seguir nuestro propio camino circular desde nuestro alojamiento que resalté en nuestro mapa. Estos mapas son excelentes para caminatas a campo traviesa. Todos los senderos para caminar se encuentran en el mapa para que puedas crear tu propio sendero desde tu alojamiento. Están en una escala grande: de 4 cm a 1 km o de 2 ½ "a 1 milla, por lo que también puedes estimar la distancia de tu caminata.

La caminata de la página siguiente sale directamente de la granja Bole Hill, indicada con un punto rojo en el mapa de la página siguiente. Cruza campos siguiendo las señales del sendero y luego un sendero

claramente marcado a lo largo de un río en **Lathkill Dale.** El pueblo de **Monyash** nos proporcionó un lugar para parar a almorzar en una cafetería recomendada de Teapot Trail y luego realizar una caminata circular de regreso a nuestro B&B. Nuestro camino de regreso fue por el **"Limestone Way",** de nuevo un camino bien señalizado. Sin embargo, nuestro mapa fue esencial, ya que indicaba el camino para alcanzar la distancia circular de su caminata.

Si bien necesita un mapa, también debe estar atento a la búsqueda de señales de senderos. Caminamos por la carretera a poca distancia de nuestro alojamiento antes de que pudiéramos ver el cartel a la derecha. Lo seguimos buscando otros y conseguimos nuestro objetivo a unos cuantos campos. Sin acceso a un buen mapa, corres el riesgo de perderte. Hemos aprendido esta lección de nuestras propias experiencias en el senderismo. **Lleva siempre agua, un snack y una buena carta.**

Escenas de Lathkill Dale. El camino es obvio y está bien marcado, pero necesita el mapa de inspección de artillería para asegurarse de seguirlo.

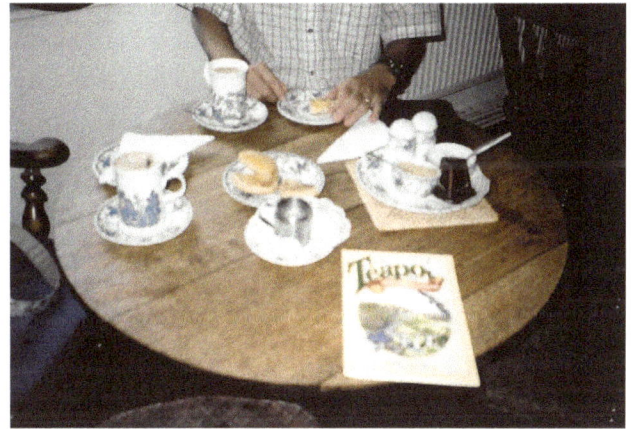

Otro detalle del paisaje que ofrece tu mapa es el río, que sigues en tu camino hacia **Monyash.** Una vez allí, será recompensado con un refrigerio en una cafetería recomendada en el folleto "The Teapot Trail" antes de comenzar el camino de regreso.

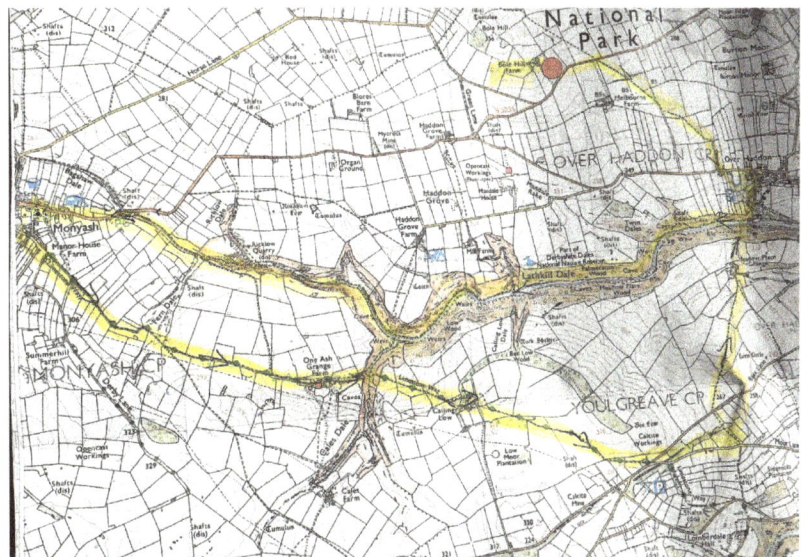

Explorando el sendero Monsal:

"The Hollow" en Little Longstone está ubicado en el sendero Monsal, lo cual es muy conveniente para los excursionistas que desean explorar este interesante sendero.

Monsal Trail solía ser parte del Midland Railway en la década de 1860, que extendió sus servicios a Manchester. Esta sección de la línea pasaba cerca de **Haddon Hall,** hogar del duque de Rutland. Insistió en que el ferrocarril debería pasar por un túnel detrás de su propiedad en lugar de pasar por delante y estropear la vista. Esto llevó a la construcción del túnel Haddon y una línea ferroviaria ubicada muy por encima de Bakewell y la estación cuesta arriba desde el centro de la ciudad.

La estación se cerró en 1967 después de 100 años de funcionamiento y en 1968 circuló el último tren de la línea Midland. Doce años más tarde, la línea pasó a manos del **Parque Nacional Peak District,** que la convirtió en una ruta para caminar y andar en bicicleta llamada **"The Monsal Trail".**

El sendero Monsal tiene 24 millas de largo y generalmente sigue la ruta del río Wye hacia Buxton. Hay mucho que ver en el sendero y hay muchas referencias tanto en línea como en folletos para ayudar a planificar los paseos por él y sus alrededores. Disfrutamos nuestras caminatas en el área y nos ubicaríamos nuevamente en el mismo lugar para aprovechar la proximidad del sendero y evitar la necesidad de usar su automóvil.

Aquí se encuentra el **sendero Monsal**, que sigue aproximadamente el trazado de la autopista A6. Little Longstone está idealmente situado para aprovechar este sendero para caminar.

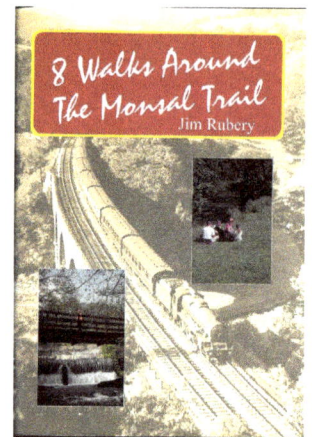

8 Walks Around The Monsal Trail
Jim Rubery

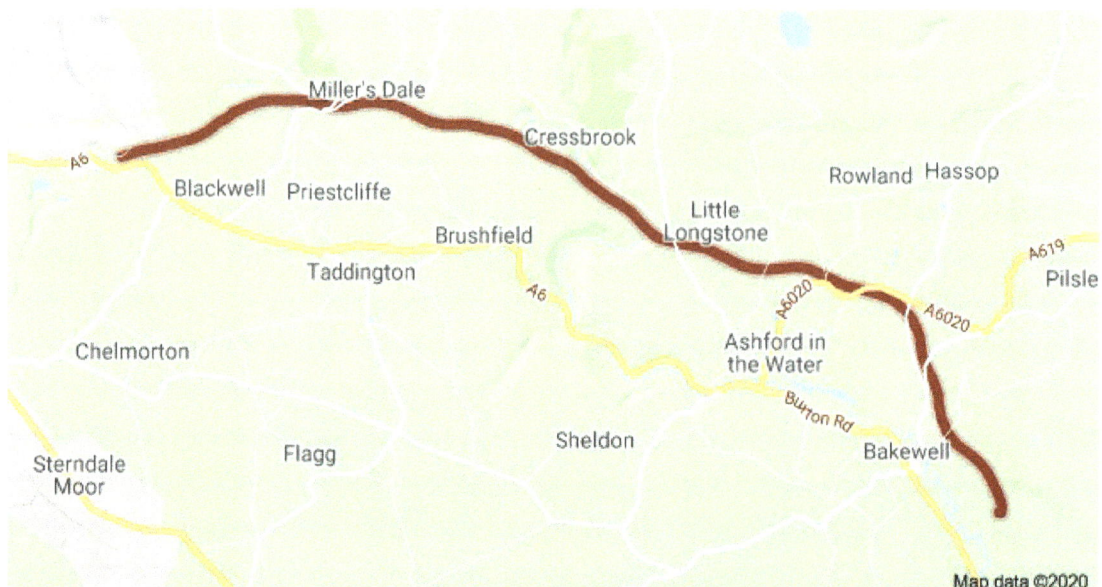

Sites Along the Trail:

1. Monsal Head Viaduct:

A pocos pasos de Little Longstone se encuentra este impresionante viaducto. Hay un pub y una cafetería en Monsal Head para disfrutar después de contemplar esta maravillosa vista. También hay aparcamiento.

Monsal Head Viaduct:

2. Cressbrook Mill:

Esta fábrica se encuentra en el sitio de la fábrica de algodón original establecida por Richard Arkwright. (Serie de televisión BBC Norte y Sur) Big Mill lo reemplazó y estuvo en funcionamiento hasta 1965. Ahora se ha convertido en apartamentos de lujo.

Cressbrook Mill:

3. Miller's Dale:

Un atractivo y fácil paseo por el **Sendero Monsal**. Para nuestra caminata estacionamos en Monsal Head, caminamos por Miller's Dale y regresamos a nuestro automóvil por la misma ruta. El sendero discurría por un paisaje atractivo y era fácil de seguir. No estoy seguro del kilometraje, pero fue una agradable caminata por la tarde.

Ashford en el agua, Bakewell y Haddon Hall:

1. Ashford en el Agua:

Ashford es uno de los pueblos más pintorescos de Derbyshire, con casas de piedra caliza que bordean las calles y un sitio famoso que ha aparecido en muchas pinturas y calendarios: **«El puente Sheepwash».**

Es un antiguo puente Packhorse que debe su nombre al hecho de que aquí se lavaban las ovejas en el río Wye antes de esquilarlas. Los granjeros pastorearían a las ovejas a través del puente mientras los corderos estaban encerrados al otro lado. Siguiendo su instinto maternal, las ovejas nadaban hasta sus corderos que balaban al otro lado y así se bañaban bien.

Puedes caminar hasta Ashford desde el sendero Monsal, ya sea desde Little Longstone o desde Bakewell a lo largo del sendero del río Wye. El pueblo está a solo un par de millas de Bakewell y tiene un pub y cafeterías para un agradable descanso en la caminata. El siguiente mapa muestra la ubicación de los alojamientos, el sendero Monsal, Bakewell y las carreteras de conexión de la zona.

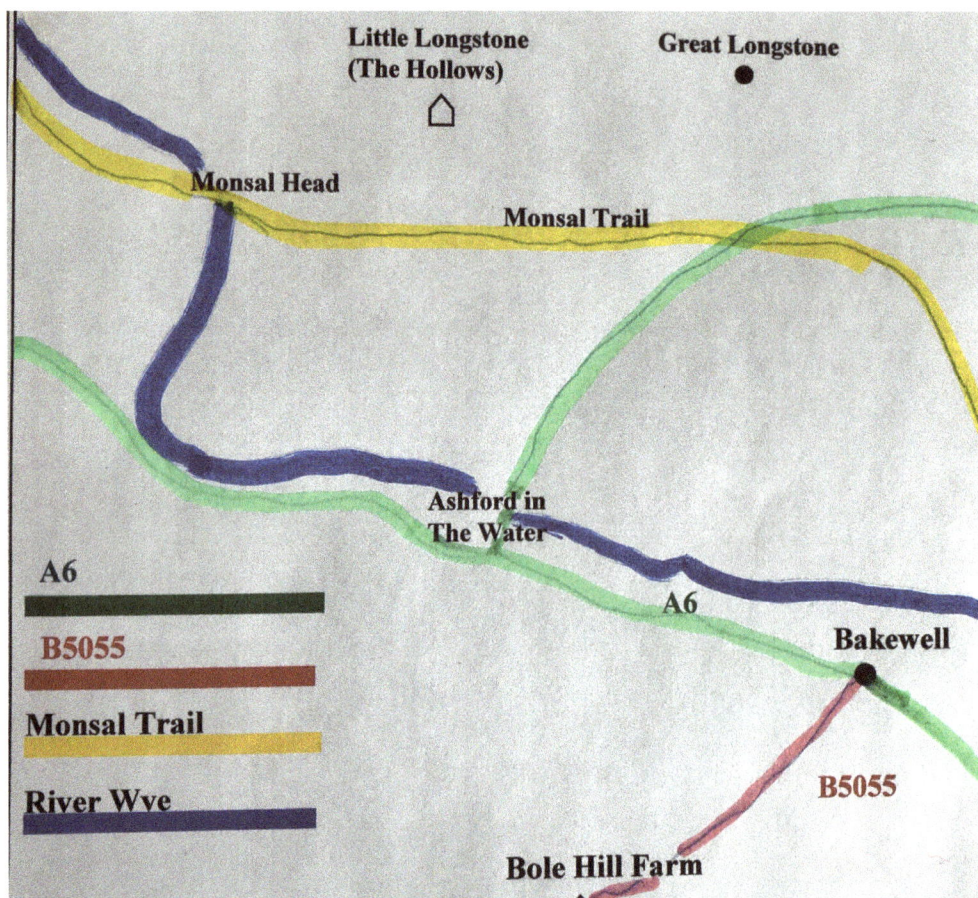

PUENTE SHEEPWASH EN ASHFORD:

Aquí está el famoso "Puente Lavadero de Ovejas"; sobre el río Wye; un puente de caballos de carga por donde cruzaba el ganado. En la imagen de la derecha, hay una sección al final del puente donde se pastorean y guardan los corderos, para que las ovejas naden hasta ellos y se laven en el proceso.

Una parada agradable en Ashford: decidimos parar a almorzar en este encantador hotel y cafetería Riverside. Trevor está sentado allí, esperando para dar nuestra orden. Siempre es un placer tomar el té de la tarde o el café de la mañana mientras se camina o incluso almorzar si es el momento adecuado. Es uno de los placeres del senderismo en una zona que cuenta con pueblos y población.

Caminar todo el día en la naturaleza sin paradas puede estar bien para algunos, pero yo prefiero divertirme, estar en forma y descubrir sin dolor, privaciones ni incomodidades. Cada uno con lo suyo, supongo. Para aquellos que prefieren una experiencia más exterior, hay muchas rutas de senderismo por los páramos al norte de Castleton, donde la población es escasa y puedes caminar todo el día sin ver a nadie.

BAKEWELL:

Bakewell es la capital de facto del Peak District. La primera feria registrada se celebró aquí en 1254. Sin embargo, su historia se remonta al primer residente conocido de Bakewell, llamado "Badeca". Los registros muestran que en el año 924 d.C. los manantiales locales recibieron su nombre "Badeca's Well", de ahí "Bakewell". El mercado de 1000 años todavía se celebra todos los lunes. También hay dos puentes antiguos para reflexionar y explorar. Hay mucha historia aquí, lo que lo convierte en un lugar interesante para visitar o quedarse.

Muchos han oído hablar de Bakewell pero es especialmente famoso por su **"Tarta Bakewell".** Como visitante, aquí hay muchas tiendas y lugares para comer y por supuesto, es el punto de partida del **Monsal Trail** que comienza oficialmente en la estación Bakewell que se encuentra en una carretera secundaria sobre Bakewell.

Dado que Bakewell es un centro neurálgico, es posible caminar desde aquí y tomar el autobús de regreso en lugar de intentar realizar una caminata circular. El folleto que se muestra en la foto describe 8 caminatas desde Bakewell que utilizan el transporte público para regresar a la base. Esto es muy útil para los excursionistas. Hemos utilizado el transporte público en innumerables ocasiones y siempre nos sentimos afortunados cuando una zona que hemos elegido para caminar tiene servicio de autobús disponible. Consulte los horarios actuales ya que cambian según la temporada. Llevar consigo un horario de autobús es otra herramienta útil que le ayudará con su caminata. El relevante es **"Distrito pico: Horarios de autobuses y trenes".** La estación de autobuses está ubicada en Rutland Square en Bakewell, frente al Rutland Hotel.

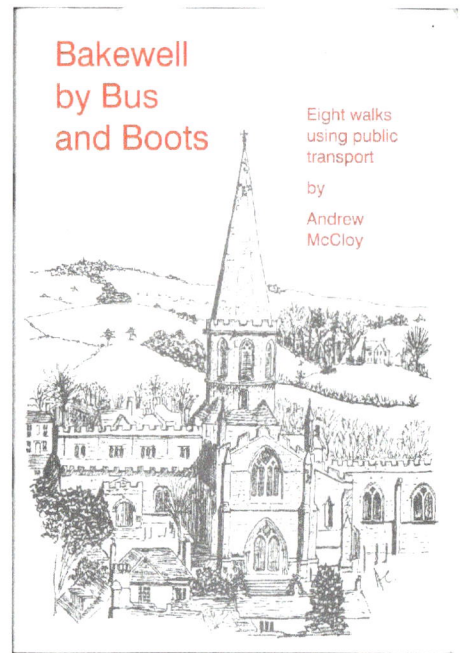

HADDON HALL:

Si bien a menudo elegimos visitar propiedades propiedad del National Trust y English Heritage, hacemos excepciones cuando el atractivo de la propiedad excede nuestra necesidad de cuidar nuestros centavos.

Haddon Hall es una de esas propiedades que hay que ver. Como mencioné anteriormente, nuestro deseo de ver lugares a menudo depende de nuestras experiencias con los libros que hemos leído, las películas que hemos visto o los programas de televisión que hemos seguido. Haddon Hall ha trabajado como **Thornfield Hall en dos adaptaciones diferentes de Jane Eyre** y también ha aparecido en varias otras películas, incluidas **"La princesa prometida" (1987), "Elizabeth" (1998), Orgullo y prejuicio (2005) y "Las otras Bolena". Girl" (2008)** Dado que estuvimos en una sociedad histórica del período Tudor durante veinte años, ver estos lugares de rodaje era definitivamente algo en nuestra lista de lugares para ver.

Haddon Hall tiene los jardines más maravillosos. Hemos estado allí al menos dos veces y los jardines son lo que más recuerdo. Son espectaculares y estaban en plena floración cuando los visitamos. Mi álbum está lleno de fotografías de las flores.

La sala en sí es propiedad del undécimo duque de Rutland, Lord Edward Manners. Estuvo desocupado desde el siglo XVIII hasta principios del siglo XX, cuando el abuelo del actual conde regresó a Haddon y se dedicó a restaurarlo a su belleza actual. Los jardines fueron creados por su abuela, la novena duquesa de Rutland y son realmente hermosos.

Haddon Hall es un ejemplo de casa señorial fortificada y presenta un excelente ejemplo de arquitectura medieval y Tudor.

Mientras paseas por las habitaciones absorbiendo los detalles de los tapices, el salón, la Gran Cámara, la Galería Larga, las cocinas, la capilla y todas las demás estancias que conforman el estilo de vida de los habitantes de la casa señorial, te darás un vistazo a la historia y cómo se ha desarrollado.

Los jardines son el broche de oro a tu visita a Haddon Hall. ¡Qué delfinios tan bonitos!

Tenemos mucha suerte de poder ser testigos de la historia a través de la conservación de viviendas de otra época. La gente se ha tomado el tiempo para restaurar utilizando sus propios recursos para financiar el proyecto. Esto muestra respeto y aprecio por la historia al donar sus propiedades a la nación en el caso de National Trust Properties, o los descendientes ponen sus casas heredadas a disposición del público y continúan manteniendo estas propiedades a un alto nivel para nuestro disfrute.

DESCUBRIENDO OTRAS GEMAS EN EL ÁREA DE BAKEWELL:

Al planificar unas vacaciones de senderismo, por supuesto elegirá zonas donde abundan los senderos. Esa es la primera consideración junto con algunas investigaciones sobre el atractivo de la zona. Parte del atractivo no es sólo el senderismo, sino también si hay otras atracciones disponibles para visitar. Hay días en los que no haces caminatas, en los que eliges visitar atracciones y caminar por sus propiedades en lugar de por senderos. La facilidad de acceso a Bakewell nos llevó a la zona donde descubrimos maravillosas rutas de senderismo. Lo que también descubrimos fue que también es un área de importancia histórica. Buscamos Haddon Hall pero descubrimos muchos otros lugares para visitar que merecen una mención y una foto. Me gustan especialmente los lugares que nos enseñan un poco de historia, nos presentan a héroes históricos o amplían nuestro conocimiento sobre la gente y la tierra que estamos explorando. El Peak District tiene muchos lugares dignos de mención.

1. **Chatsworth House:**

Chatsworth House es la casa señorial del actual duque de Devonshire. La finca es extensa y la casa magnífica. También está asociado con producciones cinematográficas y televisivas como "**Orgullo y prejuicio**" en 2005, donde Chatsworth representó a Pemberley. "**The Duchess**" 2008 también se filmó aquí al igual que la producción de la BBC del P.D. James, "**La muerte llega a Pemberly**" en 2013. Se considera una de las mejores casas señoriales de Gran Bretaña. También está ubicado en el "Chatsworth Park", que es uno de los aspectos más destacados del Peak District. Aquí encontrará 1000 acres de zonas verdes y jardines, gamos y senderos boscosos. La casa es amigable para los visitantes y tiene mucho que ver para todos los grupos de edad. Es de propiedad privada por lo que se cobra entrada.

Bakewell a Chatsworth está a 4,5 millas, o 10 minutos en coche.

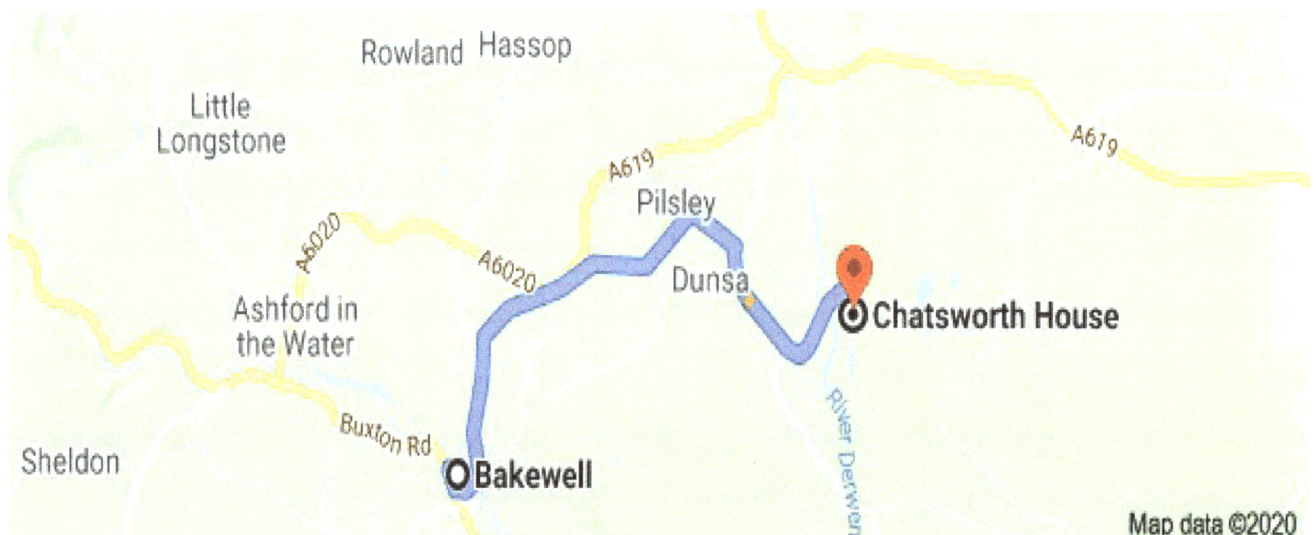

Chatsworth House:

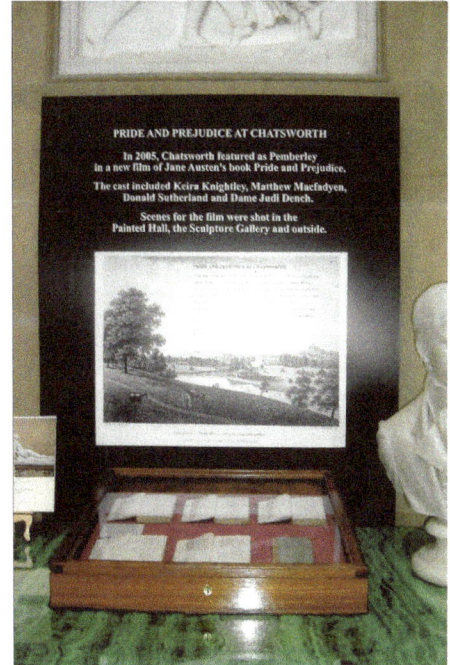

La versión de 2005 de Orgullo y prejuicio fue protagonizada por Keira Knightly, Mathew Macfadyen, Donald Sutherland y Dame Judi Dench. Pemberly (Chatsworth) se muestra arriba. Una exhibición de la película se encuentra en Chatsworth y se muestra a la derecha.

2. Eyam, La Aldea de la Plaga:

Encontramos este pueblo por casualidad mientras explorábamos los alrededores mientras estábamos en el área de Bakewell. Debido a nuestra situación actual con la pandemia de Covid 19, donde estamos en cuarentena contra la propagación del virus, la difícil situación de este pueblo es particularmente relevante y vale la pena escribir sobre ella.

Bakewell a Eyam Village está a 6,7 millas o 13 minutos en coche.

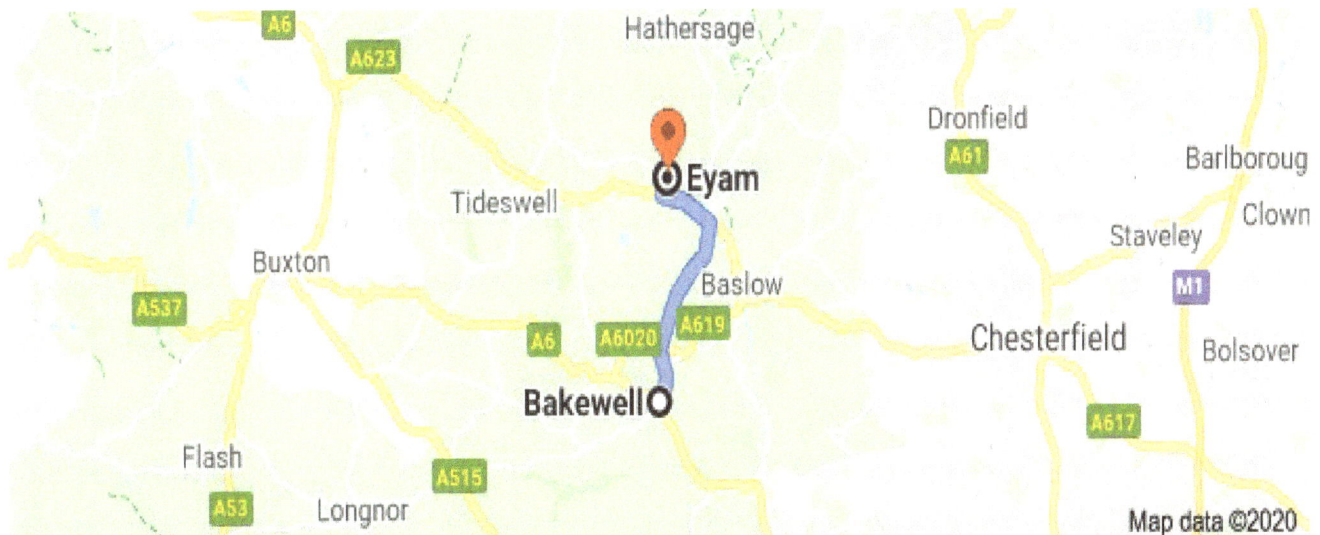

Eyam era un pueblo que se puso en cuarentena después de un brote de peste bubónica en 1665. La peste llegó al pueblo en un fardo de tela enviado desde Londres, que estaba experimentando un brote grave de la enfermedad. En el fardo de tela húmeda había pulgas portadoras de la pestilencia. Cuando desempaquetaron el fardo y lo colgaron para que se secara, los insectos emergieron y ahí empezó todo. El ayudante del sastre, George Viccars, que había abierto el fardo, fue el primero en morir. Estaba visitando Eyam para ayudar a confeccionar ropa para un festival religioso y nunca se fue.

Entre septiembre y diciembre de 1665, 42 aldeanos murieron a causa de la enfermedad y, en la primavera de 1666, estaban a punto de huir de su aldea para escapar de la muerte.

Sin embargo, su vicario recién nombrado, William Mompesson, los convenció de poner en cuarentena la aldea para evitar la propagación de la pestilencia a las ciudades cercanas de Bakewell y Sheffield. El 24 de junio de 1666, Mompesson dijo a sus feligreses que el pueblo debía estar cerrado sin que nadie entrara ni saliera. El conde de Devonshire, que vivía cerca de Chatsworth, se había ofrecido a enviar alimentos y suministros si los aldeanos aceptaban ser puestos en cuarentena.

A este pozo se llevaban alimentos y medicinas y se dejaban monedas en el pozo como pago. Se añadió vinagre para desinfectar las monedas. (Un poco como nuestra situación actual sin efectivo en las tiendas que están abiertas).

Los aldeanos aceptaron a regañadientes la cuarentena. La decisión de poner en cuarentena la aldea significó que se eliminó el contacto humano con personas fuera de la aldea, lo que también evitó la propagación de la enfermedad a las ciudades y pueblos cercanos.

En el verano, que ese año fue muy caluroso, las pulgas estaban más activas y el número de víctimas aumentó. En agosto, una aldeana, Elizabeth Hancock, enterró a 6 de sus hijos y a su marido en el espacio de 8 días. Familias enteras fueron aniquiladas. El número de casos disminuyó en septiembre y octubre y el 1 de noviembre la enfermedad había desaparecido. La tasa de mortalidad de Eyam superó la sufrida por los ciudadanos de Londres. En poco más de un año, habían muerto 260 aldeanos de 76 familias diferentes. Los historiadores situaron la población total de Eyam entre 350 y 800 antes de que atacara la plaga.

Esta historia es bien conocida hoy por la gente de Eyam con aprecio por lo que hicieron sus antepasados para prevenir la propagación de la enfermedad, mientras que un tercio de ellos perdieron la vida por su sacrificio.

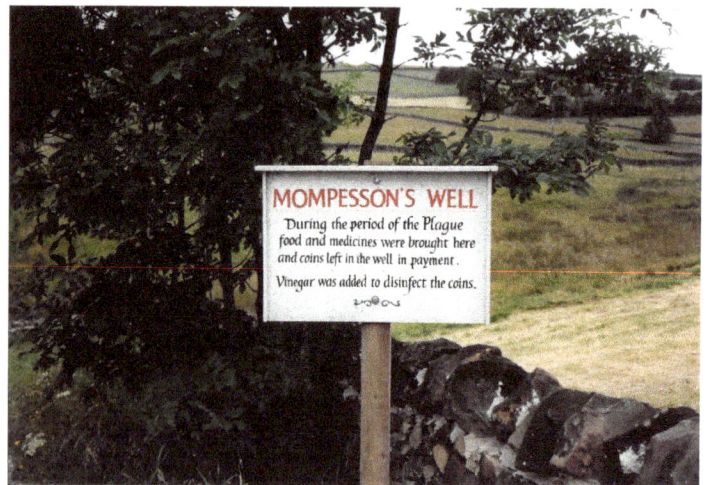

3. Nine Ladies Stone Circle: Círculo de piedras de las nueve damas:

De Bakewell a Nine Ladies Stone Circle: 4,3 millas o 11 minutos en coche.

Este interesante sitio histórico fue un hallazgo accidental después de cenar en un pub local. Se encuentra en Stanton Moor, justo al sur de Bakewell, y es una propiedad del patrimonio inglés. Las piedras datan de la Edad del Bronce, hace 3.000 - 4.000 años.

En cuanto al significado del círculo, los historiadores señalan posibilidades como un lugar de encuentro, un hito, un lugar de ceremonia o un entierro, pero como no se puede probar nada, sigue siendo un misterio histórico pero también una visita interesante.

Aquí hay dos fotos del álbum de este sitio histórico.

Edad del Bronce en el Peak District:

Esta zona estuvo bien poblada y cultivada en la Edad del Bronce. Sobrevive evidencia de su habitación en henges como Arbor Low cerca de Youlgreave y Nine Ladies Stone Circle en Stanton Moor. En este período y en la Edad del Hierro, se crearon castros como el de Mam Tor. En la región de Dovedale se han descubierto incluso hallazgos anteriores, como artefactos de pedernal y evidencia recopilada en cuevas. Los romanos habitaron Buxton, conocida como "Aquae Arnemetiae", mientras explotaban las ricas vetas de plomo de la zona.

4. Lyme Park:

De Bakewell a Lyme Park: 23,8 millas o 44 minutos en coche.

Para Lyme Park nos alejamos un poco más, pero el viaje aún dura menos de una hora. Incluyo esta ubicación como parte de la búsqueda de "Orgullo y prejuicio" de ubicaciones para sus producciones cinematográficas.

Esta es una propiedad del National Trust, por lo que los miembros tendrán entrada y estacionamiento gratuitos.

Para todos aquellos que recuerdan la interpretación de Colin Firth del Sr. Darcy y su baño improvisado en el lago, este es el lugar. Mientras Elizabeth recorría su casa, él regresó temprano a su propiedad y se dio su famoso chapuzón. Esto marcó un punto de inflexión en su relación cuando él la encontró cuando ella salía de la casa.

Para los fanáticos de Jane Austin, este es un lugar de visita obligada.

5. Hardwick Hall and Hardwick Old Hall:

De Bakewell a Hardwick Hall: 21,3 millas o 37 minutos en coche

Como puede ver en el mapa, esta propiedad está ubicada justo al lado de la M1. Esta sería una excelente propiedad "en ruta" para visitar mientras continúa hacia el sur desde Peak District. Siempre es agradable hacer paradas que valga la pena mientras se dirige a su próximo alojamiento o zona de exploración.

Hardwick Hall es memorable por su apariencia y sus habitantes. Se ha dicho muchas veces que es "más cristal que pared" y cuando lo miras puedes ver por qué. Las ventanas son su característica más destacable. Además, las enormes iniciales ES que coronan la línea del techo proclaman que esta casa es propiedad de una formidable mujer renacentista, **Bess de Hardwick** mencionada anteriormente en la sección sobre Buxton. Bess nació en 1527, hija de un terrateniente de Derbyshire que tenía una pequeña casa solariega en Hardwick. Se casó por primera vez a los 14 años y enviudó cuatro veces. Cada matrimonio mejoró su posición social y le aportó riqueza. Su último marido, el sexto conde de Shrewbury, fue jefe de una de las familias más antiguas, grandiosas y ricas de Inglaterra. Cuando Bess tenía 62 años, murió su cuarto marido, lo que le dio acceso a su inmensa riqueza. Un mes después, sentó las bases de **Hardwick Hall,** a poca distancia del Old Hall aún sin terminar. Se mudó a su nuevo hogar 7 años después y murió allí en 1608 a la edad de 80 años.

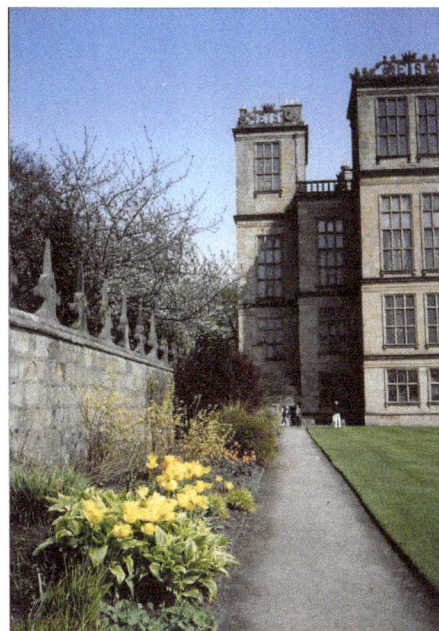

Su historia de "pobreza a riqueza", que la llevó desde unos comienzos modestos hasta convertirse en la mujer más rica de Inglaterra, y el hecho de que vivió hasta los 80 años, en una época en la que la mayoría de las mujeres no pasaban de los 40, es realmente notable. Hardwick Hall sobrevive hoy con muchos de sus contenidos originales todavía en su lugar según el inventario realizado en 1601.

María, reina de Escocia, estuvo encarcelada aquí, lo que fue un factor importante para salvar la casa del abandono y la decadencia en los años posteriores a la muerte de Bess. Una de las aficiones de Mary durante su encarcelamiento fue el bordado y recuerdo una sala dedicada a muestras de su trabajo. También hay un elemento de intriga en la historia de "Arabella Stuart", su nieta. Arabella, era una posible heredera al trono de Isabel porque su padre era primo de la reina y cuñado de María, reina de Escocia. Vivió bajo el estricto control de su abuela hasta los veintitantos años, pero posteriormente murió en la torre después de casarse con un pretendiente rival al trono de James 1.

Se ve a nuestra hija Angie contemplando las ruinas de **Hardwick Old Hall** cerca.

6. Wingfield Manor:

De Bakewell a Wingfield Manor: 15,7 millas o 31 minutos en coche

Wingfield Manor es una propiedad del patrimonio inglés que también continúa con el tema de María, Reina de Escocia. Es famosa por ser la prisión desde la que Anthony Babington conspiró para rescatar a la Reina encarcelada. Un libro, "Un viajero en el tiempo" de Alison Uttley, cuenta la historia de la conspiración de Babington y es una lectura interesante.

Anthony Babington conocía a Mary a través de su puesto como paje en la casa del conde de Shrewsbury. Era joven, católico y estaba decidido a rescatar a la reina de Escocia y sustituir a la reina Isabel en el trono de Inglaterra. En 1586, el complot estaba en marcha. Walsingham, al servicio de la reina Isabel, estaba al tanto del complot e hizo supervisar la correspondencia entre Mary y Babington. Sus cartas contenían pruebas incriminatorias de traición que llevaron a la ejecución de María en el castillo de Fotheringhay y al fallecimiento de Babington en la Torre de Londres.

Las ruinas tienen suficientes detalles para dar una idea de cómo habría sido la casa cuando Mary estaba prisionera allí. Un recorrido lo lleva a través de las distintas salas y describe la historia de este importante lugar en la historia de María, reina de Escocia.

7. Cromford Mills - La conexión Arkwright:

De Bakewell a Cromford Mills: 10,8 millas o 21 minutos en coche.

Cromford Mills es un importante lugar de patrimonio industrial. Es el sitio de la primera hilandería de algodón impulsada por agua, que fue desarrollada por Richard Arkwright en 1771. Construyó una fábrica de cinco pisos con la ayuda de dos patrocinadores financieros y, a partir de 1772, dirigió las fábricas día y noche en dos turnos de doce horas.

Los primeros trabajadores fueron 200, lo que excedía el número que el local podía suministrar, por lo que trajo trabajadores y los alojó en edificios cercanos. La mayoría de los empleados eran mujeres y niños, algunos de hasta 7 años. Posteriormente, la edad mínima se elevó a 10 años y los niños recibieron seis horas de educación por semana para que pudieran llevar los registros que sus padres no podían hacer.

La importancia de esta fábrica forma parte de la historia de la industrialización, esta vez en la industria algodonera. Antes de esto, reinaba la industria artesanal, en la que los aldeanos tejían el algodón. Esta fue la primera vez que el lugar de trabajo ya no estaba en el hogar y las mujeres y los niños trabajaban fuera de su residencia. Este fue un cambio importante en la sociedad de la artesanía casera a un lugar de trabajo industrializado al aire libre.

La fábrica estaba ubicada en **Cromford** debido al suministro de agua disponible que era necesario para hacer funcionar la hilandería de algodón impulsada por agua. El molino finalmente dejó de funcionar en el siglo XIX y los edificios fueron reutilizados. En 1979, el sitio fue comprado por la Sociedad Arkwright y se propuso la tarea de restaurarlo a su estado original. Su importancia radica en que fue la primera hilandería de algodón exitosa lo que la llevó a ser ampliamente copiada en otras zonas del país.

Hoy en día, el sitio ha sido declarado **Patrimonio de la Humanidad por la UNESCO** y cuenta con un extenso centro de visitantes que incluye tiendas, galerías, restaurantes y cafeterías.

Cerca se encuentran el Canal de Cromford y el Muelle de Cromford, que en conjunto unían Arkwright's Mill con otras ciudades de Midland y del Norte. Sin embargo, su uso decayó con el avance de los ferrocarriles.

Sitio del Patrimonio Mundial de Cromford Mills.
Una excursión de un día interesante si estás en la zona.

Cerca, encontrará el **High Peak Trail** si desea caminar después de explorar el área de Cromford Mill. Esta es una escena del sendero.

Senderismo en el norte de Inglaterra

Conclusión:

Con esto finaliza nuestro descubrimiento de The Peak District. Hay mucho más que ver, pero esto es sólo una muestra de los placeres que encontrará tanto en el "Senderismo como en el Descubrimiento" en esta zona de Inglaterra. El Peak District podría ser un destino *en el camino* hacia el norte o un destino en sí mismo. Todo depende de tus gustos y de tu tiempo de vacaciones. En nuestros viajes utilizamos Peak District para acortar el viaje hacia el norte y nos quedamos en nuestras tres ubicaciones en la ruta hacia y desde el norte. En 2006 pasamos allí dos semanas completas y cubrimos dos de las tres áreas. Lo hemos visitado muchas veces y siempre encontramos excelentes lugares para caminar y más cosas para ver.

Por qué el Norte?

El norte de Inglaterra suele ser una zona que los viajes organizados pasan por alto. Sigue sin ser descubierto, pastoral y lleno de historia. La caminata está bien documentada y tiene muchas caminatas circulares que se describen en detalle en la Serie Pathfinder. También están los senderos lineales como **The Dales Way, The Cleveland Way, A Coast to Coast Walk, The Hadrian's Wall Path y The Monsal Way,** por nombrar algunos.

Disfrutamos del Norte durante nuestras vacaciones de verano porque yo todavía estaba enseñando. **El alojamiento es más razonable en temporada alta** en el norte, especialmente para el alquiler de cabañas. Los B&B siguen siendo similares en precio, pero poco a poco nos estábamos moviendo hacia el alquiler de cabañas, así que eso fue una consideración.

El norte también está menos poblado en verano y hace más fresco en julio y agosto que en el sur. El clima durante la mayoría de nuestras vacaciones fue delicioso, las carreteras tranquilas y las caminatas excelentes.

El Norte también fue donde aprendimos a caminar, compramos nuestro equipo y nos sentimos cómodos siguiendo guías y aprendiendo a leer los mapas de Ordinance Survey.

Era un excelente campo de entrenamiento para el senderismo. Hay paisajes variados, desde Moorland hasta Dales y Lakes y una variedad de los tres en Peak District.

Si quieres multitudes, emoción y una experiencia urbana, está York y también Potteries in the Peak. También son igualmente interesantes los pueblos más pequeños de los Lagos y los Moros.

Entretenimiento y el Norte:

Programas de televisión: Yorkshire Dales es el escenario de la serie de televisión "**All Creatures Great and Small**" que se menciona en el libro. Hay una nueva serie en PBS con nuevos personajes pero la misma temática y basada en la serie anterior.

La película **"Miss Potter"** es la historia de Beatrice Potter, la heroína del Distrito de los Lagos. Está protagonizada por René Zellwigger como Beatrice Potter. **"Norte y Sur"** es una historia de la industria del algodón y Richard Arkwright.

Y así, dejamos el Norte para descubrir otras zonas de Gran Bretaña. En el tiempo que pasamos en **The Lake District, The Yorkshire Dales, Yorkshire Moors y Peak District,** hemos aprendido mucho. El viaje para nosotros duró aproximadamente 5 años y, como somos visitantes de Canadá, esto equivalió a 5 meses de caminata, ya que cada vacaciones fue de un mes.

Comenzamos a explorar el Norte como novatos y recién llegados. Habíamos hecho pocas caminatas, dependíamos mucho del automóvil y elegimos alojamientos tradicionales, como B&B, cuando comenzamos nuestro viaje. Al final de este período, éramos excursionistas con todo el equipo. Pudimos caminar largas distancias usando mapas y guías y no perdernos. Usábamos cada vez menos el automóvil y elegíamos quedarnos en cabañas y autoabastecernos, lo que significaba que estábamos comprando comida y preparando la nuestra propia. Estábamos reservando nuestro alojamiento antes de nuestra llegada y haciendo turismo en el camino, generalmente entre nuestros alojamientos. Nuestra atención se centró exclusivamente en el descubrimiento y el senderismo. No teníamos una agenda fija, ni una lista de sitios turísticos para ver y estábamos mirando y explorando lugares a medida que los descubríamos.

Esta nueva perspectiva fue emocionante. Nos sentimos parte del paisaje durante nuestras visitas y la emoción de descubrir nuevos lugares nunca dejó de complacernos. Nuestras caminatas fueron principalmente circulares, por lo que **"The Dales Way"** sigue sin completarse, ya que todavía tenemos que descubrir cómo hacer un tramo largo en el medio a través de páramos sin pasar la noche en la ruta. Teniendo en cuenta que somos personas mayores, parece poco probable que se termine The Dales Way, pero está bien. Nuestros recuerdos son todos buenos.

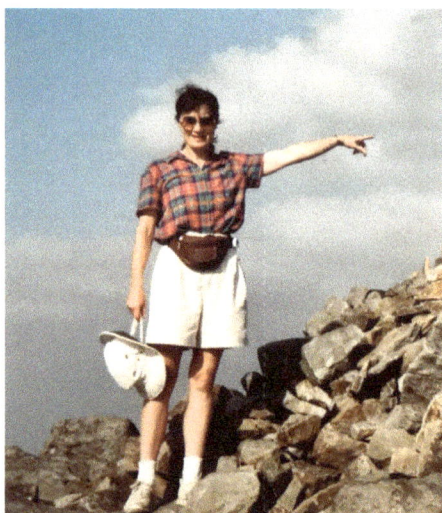

Nuestro viaje por el Norte también nos preparó para nuestros futuros desafíos de senderismo que ahora creíamos que eran posibles. El año 2000 marcó el comienzo de nuevas perspectivas cuando abordamos tentativamente la Ruta de la Costa Suroeste, que se convertiría en nuestro próximo gran desafío, pero todavía no. Todavía nos quedaba camino por recorrer, tanto mental como físicamente.

"Si crees que puedes hacerlo, probablemente puedas".
Esa era la perspectiva que era nuestro próximo objetivo. Hasta entonces, hacer senderismo por diversión, aire libre, disfrute y buena salud era nuestro compromiso.

FELIZ SENDERISMO

LOS PLACERES DEL SENDERISMO:

Como apéndice de este libro, definamos qué entendemos por senderismo o definamos las percepciones culturales que la gente tiene al respecto. Personalmente no tenía una definición de ello en los primeros años ya que nunca lo había hecho. Los años 70 marcaron el comienzo de una época en la que comencé a llevar a mi clase de quinto y sexto grado a Gatineau Hills en el otoño para dar un paseo por Pink's Lake. Ésta constituyó mi primera versión del senderismo. *Se trataba de caminar al aire libre, en la naturaleza y por senderos, en lugar de caminar por las aceras en las zonas urbanas.*

Esta definición se ha mantenido principalmente a pesar de que nuestras experiencias le han añadido otros elementos. Las caminatas aquí en el área de Ottawa generalmente se limitan a eventos de un día. Cuando hace buen tiempo se aprovecha el tiempo para recorrer los senderos naturales cercanos. Es una experiencia "única", no integrada con otras actividades.

Nuestra visión se ha ampliado a través de nuestras experiencias en Inglaterra y esto se debe principalmente a que la infraestructura en Inglaterra admite una versión ampliada del senderismo. Ahora nos damos cuenta de que el senderismo puede ser un medio de transporte y un viaje de descubrimiento tanto del paisaje como de nosotros mismos. No es simplemente un "día libre".

Con muchos senderos de larga distancia, rutas de autobús conectadas, además de mapas y guías disponibles, es posible planificar rutas circulares o lineales que cubren varios kilómetros sobre terreno variado mientras se descubren sitios históricos hasta ahora desconocidos en el camino. No es una caminata predecible por el bosque durante un par de horas y viceversa.

Otra versión de caminata, quizás más familiar para los norteamericanos, es la versión extrema de caminatas de largas distancias que se encuentra en el sendero *de los Apalaches (2190 millas)* o *el sendero de la costa oeste (75 km)*. Estas versiones de caminata a menudo requieren acampar, cargar grandes mochilas y navegar por terrenos desafiantes. De hecho, le darían una sensación de logro, pero requerirían un mayor nivel de condición física que el excursionista promedio. Más cerca de casa tenemos *The Bruce Trail (900 km)* en el sur de *Ontario y Rideau Trail (387 km)* entre Ottawa y Kingston. Hay otros senderos, pero Canadá es un país grande y los senderos suelen estar muy lejos y son difíciles de alcanzar, lo que, para nosotros, es un impedimento para experimentarlos.

Tampoco nos brindan las experiencias que hemos llegado a disfrutar: la experiencia cultural que se suma a la satisfacción general del senderismo que hemos disfrutado. El aspecto de descubrimiento relacionado con la historia es una parte muy importante de nuestro placer de hacer senderismo. Nuestras distancias, nuestro clima y nuestra escasa población nos brindarían una experiencia completamente diferente de la que hemos llegado a disfrutar y continuaremos disfrutando mientras podamos.

Las siguientes páginas representan los puntos de vista sobre el senderismo ofrecidos amablemente por amigos y conocidos a partir de sus propias experiencias. Comencé las observaciones con una lista personal de *"Por qué amamos el senderismo en Inglaterra"*.

Por qué nos encanta el senderismo en Inglaterra.... *Linda L.*

Comenzamos a caminar a mediana edad, por lo que nuestras perspectivas incluyen dormir en una cama por la noche y caminar por senderos amigables y factibles en un hermoso campo. En Inglaterra encontramos oportunidades ilimitadas para hacer senderismo de esta manera. Distancias cortas, muchos senderos amigables bien documentados con mapas e información escrita y siempre la posibilidad de detenerse a tomar un refrigerio en pequeños pueblos o pubs. Nos encanta el clima moderado, ni demasiado caluroso ni demasiado frío, y no nos asedian las picaduras de insectos tan comunes en nuestros paseos por el bosque. La vida silvestre es amigable al igual que las personas que conocemos. Pero, sobre todo, podemos combinar el amor por la naturaleza, el senderismo y el aire libre, con el descubrimiento de la historia de la zona. Generalmente podemos encontrar sitios y edificios históricos que enriquecen nuestro conocimiento de la cultura y la historia de la zona y todo a poca distancia. Es una introducción a la Geografía Cultural. Caminamos, disfrutamos, aprendemos y es una delicia.

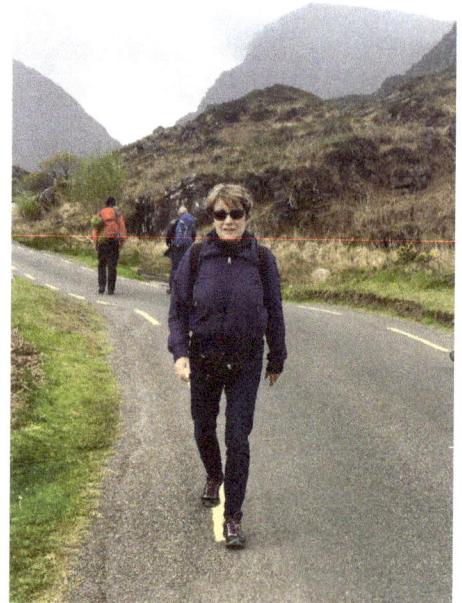

Una Perspectiva sobre el Senderismo... *Carolyn Andrews, Ottawa*

Hay mucho que ver y hacer mientras viajamos por la vida. Salir a explorar, descubrir lugares desconocidos para mí o volver a visitar lo familiar me ha inspirado a caminar, caminar o correr como parte de mi día a día.

El senderismo es una actividad "pragmática": su simplicidad y facilidad, manteniendo mi cuerpo y mi cerebro sanos, combinada con su costo mínimo, lo hacen. Sin embargo, trae mucho placer, incluso alegría a mi vida. Me encanta planificar dónde caminaré al día siguiente y luego disfrutar el resultado. Cuando se viaja, no hay mejor manera de ver una ladera, un terreno boscoso, una playa donde quiera que esté, que caminar y explorar a pie. En una ciudad me encanta caminar por el centro, por barrios y parques para poder ver la arquitectura, conocer gente y sentir la cultura y personalidad de esa ciudad.

Hoy, mientras me alojo en una cabaña en la zona rural de Terranova, estoy planeando una caminata en pleno invierno por un sendero para motos de nieve en el bosque. Veré los árboles, las colinas y el océano. Podría ver vida silvestre y espero sentirme en paz y feliz. Me encanta el senderismo como parte esencial de mi vida diaria.

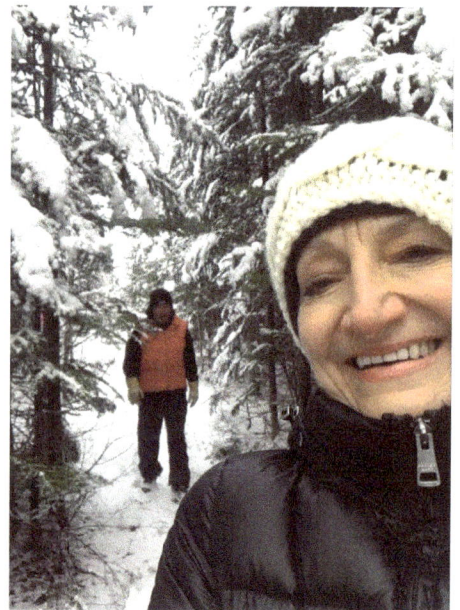

Una Perspectiva sobre el senderismo - *Susan Miller, England.*

En 2006, Dennis (mi esposo) y yo fuimos a Londres para celebrar nuestro vigésimo aniversario. Mientras paseábamos por Oxford St. entramos en una tienda al aire libre para comprar una mochila en la que guardar nuestras bolsas y así tener las manos libres.

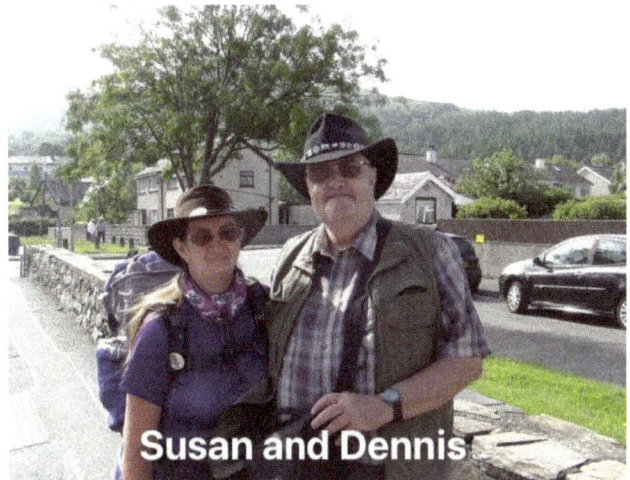

Susan and Dennis

Unos 30 minutos después, Dennis dijo:

"Oh, me gusta esta alondra ambulante, tal vez deberíamos hacerlo bien", a lo que

Respondí: ";Qué quieres decir con apropiado?"

"Bueno, los niños ya son mayores (el menor tenía 16 años) y deberíamos pasar un poco de tiempo juntos en mis días libres".

Dije: "A ambos nos vendría bien perder un poco de peso, así que sí, ¿por qué no?".

Luego sugirió que un "paseo adecuado" sería algo así como el Muro de Adriano. No tenía idea de dónde ni qué era, pero accedí a investigar un poco cuando volviéramos a casa en Wigan, N.W. Inglaterra. Eso fue en agosto de 2006.

En enero de 2007 empezamos a salir a caminar por la zona todos los lunes y martes. Nos sacó a los dos de la casa; Fue genial pasar tiempo juntos y hablamos y hablamos. Comenzamos con una hora a la vez y la aumentamos semanalmente hasta que tuvimos días completos libres, con almuerzos tipo picnic. Habíamos construido caminatas de hasta 12 millas y a ambos nos encantaba.

Sabíamos por nuestra investigación que necesitaríamos caminar al menos 14/15 millas por día durante una semana para completar el Muro de Adriano, así que comenzamos a tomar autobuses y trenes y a buscar terrenos más accidentados. Nuestros paseos por los canales de Leeds y Liverpool fueron en su mayoría planos. En agosto de 2007 estábamos listos y emprendimos nuestra primera aventura de vacaciones a pie.

Fue fabuloso. Fue difícil en algunos lugares, pero lo disfrutamos totalmente. Tuvimos que llevar cada uno una mochila con impermeables, comida, bebida, etc., pero la mayor parte de nuestro equipaje lo llevamos en minibús hasta nuestro próximo B&B. Cada noche era un lugar nuevo, la mayoría servían cenas, pero una no. En lugar de eso, nos llevaron al siguiente pueblo donde había un pub que servía comida.

Nos encontramos con muchos otros caminantes cada día en una ruta que era fácil de seguir pero que a veces parecía una montaña rusa, con subidas y bajadas. Al final de la semana, habíamos caminado 93 millas y estábamos súper felices y orgullosos de nosotros mismos.

Ampliamos nuestras perspectivas al Distrito de los Lagos y escalamos 30 de los picos sugeridos por Wainwright. Hemos estado en los Lagos todos los años desde nuestra primera vez. En 2015, vi el desafío de las 1000 millas en la revista Country Walking y el primer año logré recorrer 990 millas sin ninguna ayuda. Me desanimó no haber llegado a 1000. En 2016, comenzó el grupo de Facebook y todos fueron amables, me apoyaron y me alentaron. Nuevos amigos, nuevos objetivos de senderismo y nuevas aventuras.

Senderismo y Mejor Salud: *Ginny Hall, Mahone Bay, Nova Scotia*

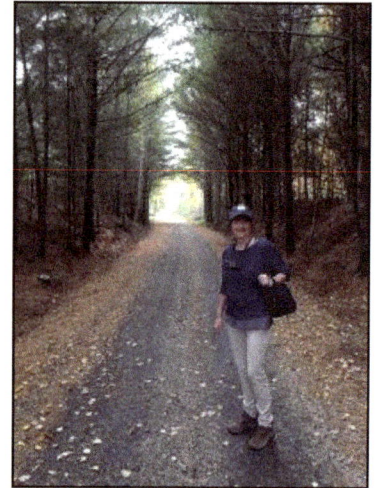

Me sentía frustrado por mis problemas de salud y dos reemplazos de cadera que me mantenían atrapado en una rutina de discapacidad. Decidí cambiar.

Un posible viaje a Terranova con mi marido fue el empujón que necesitaba. Había leído sobre un fiordo único y deseaba verlo. Sin embargo, la única forma de llegar hasta allí era una caminata de 3,5 km. Decidí intentar caminatas cortas con ese objetivo en mente. Al principio fue lento y gradual. Me tomó tres meses de caminata diaria antes de que pudiera cubrir las distancias y sentir los aspectos positivos. Pude ir más lejos sin demasiados retrocesos y sentí que se había comenzado a avanzar. Una vez que logré mi objetivo, seguí caminando porque yo, al igual que los demás, reconocemos que tanto mi estado físico como mental han mejorado. Donde antes buscaba formas de justificar el no hacerlo, ahora buscaba formas de hacerlo, sin excusas. Me volví positivo en lugar de limitante. He aprendido que caminar ciertamente contribuyó de manera importante a mi mejor salud, tanto física como mental, y eso es una gran ventaja para mí.

Caminando en el Entorno urbano: *Catherine Reynolds - Ottawa, Ontario*

Nací en Francia y pasé mis primeros 21 años caminando por todos lados; a las tiendas, visitando amigos y en la playa.

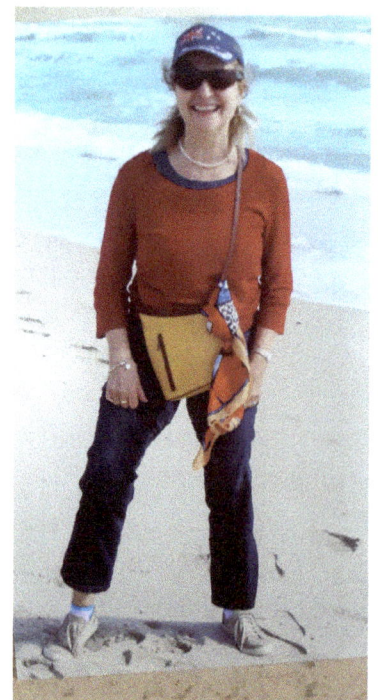

Más tarde, cuando me mudé a Montreal, caminé a todas partes para familiarizarme con la ciudad. También disfruté descubriendo una ciudad a pie que me permite detenerme y hablar con la gente.

Me mudé a Ottawa y, como trabajaba en el centro, aprovechaba cada oportunidad para caminar, durante el almuerzo, por el canal o en Parliament Hill, y se convirtió en una forma de mantenerme saludable y aliviar el estrés.

Durante la pandemia, descubrí los campos alrededor de nuestra casa. Hago largas caminatas allí como una forma de meditar, contemplar y centrar mi cuerpo, mente, corazón y espíritu.

Me encanta caminar y, a medida que voy creciendo, soy mucho más consciente de sus beneficios para la salud y seguiré caminando mientras pueda.

Por qué me Encanta el Senderismo - *Sally Tronina, Porthcawl, Wales*

El senderismo es una gran parte de mi vida y me mantiene saludable; física, mental y emocionalmente. Además de los beneficios para la salud, siempre he tenido la necesidad de descubrir nuevos lugares y disfrutar de una aventura. El senderismo permite que eso suceda.

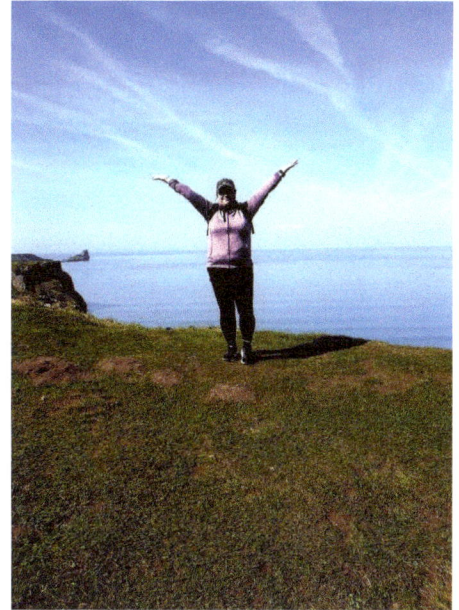

Intento caminar por el sendero costero de Gower todos los años, ya que es un desafío físico, lo que significa que salgo con un gran sentimiento de gratitud y logro. Sus recorridos varían y pueden cambiar en función del desgaste que haya sufrido el paisaje a lo largo del año. El mar es azul y a menudo puedes encontrar una foca tomando el sol o delfines haciendo un espectáculo. Es una caminata tranquila y es posible que no veas a otra persona durante horas, que es lo que más disfruto.

Creo que una caminata puede significar muchas cosas. Puede ser una caminata de 2 millas por la arena hasta 15 millas por un sendero o pavimento, pero siempre que sea tu viaje y lo disfrutes, eso es lo que en última instancia es importante.

Seguiré caminando hasta que mis piernas digan que no porque es cuando más vivo estoy.

Mi Amor por el Senderismo se remonta a mucho Tiempo Atrás: *Trevor Whitwam - Ottawa, Ont.*

Cuando era niño, solía pasear con mis padres por Yorkshire Moors. Cuando era adolescente, seguí caminando con mis amigos a través de páramos sin caminos con el camino marcado por mojones, pero nunca conocí el espectacular paisaje y las vistas de caminar en los valles de Yorkshire.

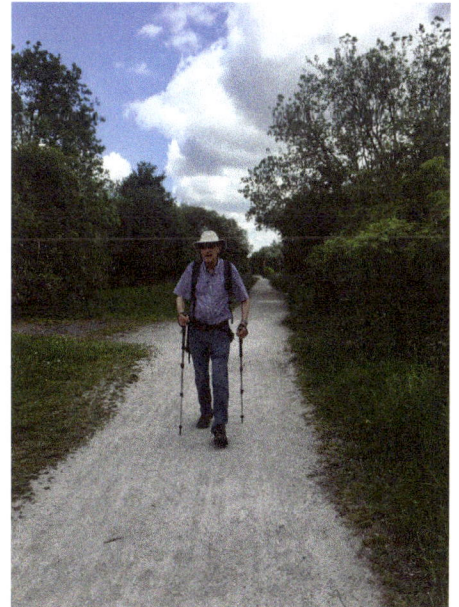

Esto vino después, mucho más tarde. Emigré a Canadá, tuve una carrera y una familia y finalmente comencé a tener vacaciones anuales en Inglaterra con una nueva esposa. Ahora que tenía el tiempo, los recursos y el compañero, podía planificar excursiones en los Dales y sus alrededores, tanto en Yorkshire como en Derbyshire. Descubrí la belleza de los Dales caminando por los senderos que rodean Kettlewell y Grassington. Descubrí que el aire fresco, el paisaje y el ejercicio hicieron que mis vacaciones fueran memorables, especialmente porque estaba acompañada por Linda, mi pareja, a quien también le gustaba caminar por los Dales. Juntos, creamos recuerdos a lo largo de los años que todavía atesoramos hasta el día de hoy. El senderismo es divertido, pero hacerlo con un compañero lo hace aún más divertido. Puedes compartir la experiencia, las historias y las fotos años después y eso lo hace especialmente atractivo para las parejas. Es algo que comparten y que lo hace especial.

Nota del Autor:

Gracias por leer mi libro sobre el norte de Inglaterra. Espero que te haya resultado esclarecedor. El Norte es realmente la parte olvidada de Inglaterra. Aparte del Distrito de los Lagos y la ciudad de York, las otras áreas generalmente las disfrutan los lugareños más que los de fuera.

Yorkshire, The Lakes y Peak District son ejemplos de los parques nacionales del norte que han preservado el paisaje y el tono cultural de la zona, permitiéndole vislumbrar la vida como solía ser. Esto es especialmente cierto si haces senderismo. Al pasar en coche, simplemente se vislumbran sitios históricos. Caminar hasta ellos le brinda una visión más profunda del pasado y una mayor satisfacción por el descubrimiento.

Este es un lugar ideal para empezar a caminar como lo hicimos nosotros. Ayudó a desarrollar nuestro deseo y capacidad de recorrer los senderos y también nos dio la confianza para hacerlo. Sin nuestra experiencia en el Norte, dudo que hubiéramos intentado desafíos posteriores, como recorrer todo el sendero costero del suroeste.

Hemos descubierto que unas vacaciones de senderismo son unas "vacaciones en pareja" ideales. Hacer senderismo con una familia joven sería difícil. Caminamos con nuestras hijas adultas y disfrutamos la experiencia, porque sus habilidades coincidían con las nuestras.

Para adultos mayores cuya familia ha crecido, es ideal. Caminar se considera una de las actividades más saludables. Es rejuvenecedor física y mentalmente y, como pareja, les brinda un interés compartido que perseguir, que a menudo es difícil de encontrar una vez que la familia ha crecido y se ha separado. Vemos a muchas parejas en Inglaterra haciendo senderismo y, a menudo, nos detenemos para charlar con ellos. Esta búsqueda compartida es importante para ellos. Un día de caminata en la naturaleza seguido de un té por la tarde o una parada en una cafetería es una forma gratificante de pasar tiempo juntos.

En Inglaterra, donde abundan las oportunidades para practicar senderismo, uno puede reflexionar sobre las posibilidades de este tipo de vacaciones, ya que la infraestructura lo permite. Nos sentimos agradecidos de haber descubierto el senderismo y esperamos que usted también lo haga.

Bibliografía de Libros sobre Senderismo:

Title:	Author
1. *A Walk in the Woods*	Bill Bryson

A story of Bill Bryson's experiences when he walked on the Appalachian Trail.

| 2. *The Old Ways* | Robert MacFarlane |

A clever book about walking, set in landscapes in the British countryside.

| 3. *City of York,* | Linda Loder |

Guides to Exploring England Independently

| 4. *Notes from a Small Island* | Bill Bryson |

Walking Around Britain

| 5. *The Kingdom by the Sea* | Paul Theroux |

My first introduction to hiking in England.

| 6. *The Road to Little Dribbling* | Bill Bryson |

Another amusing account of Hiking and travelling in England

Referencias utilizadas en nuestras aventuras de Senderismo en el Norte:

1. 1. The Dales Way — Anthony Burton
2. 2. The Walker's Guide to Wharfedale — A. David Leather
3. 3. The Yorkshire Dales — Marie Hartley and Joan Ingilby
4. 4. Discovering the Yorkshire Dales — John Ward
5. 5. North York Moors Walks — Pathfinder Guide -
6. 6. Cleveland Way — Ian Sampson
7. 7. James Herriot's Yorkshire — Derry Brabbs
8. 8. A.A. 100 Weekend Walks in Britain — Introduction - Paul Sterry
9. 9. Towns and Villages of Yorkshire — Alan Bryant
10. 10. The Peak District Walks — Pathfinder Guide
11. 11. Bakewell by Bus and Boots — Andrew McCloy
12. 12. 8 Walks Around the Monsal Trail — Jim Rubery
13. 13. Derbyshire Ghosts and Legends — David Bell
14. 14. Haddon Hall — Bryan Cleary
15. 15. The Making of Pride and Prejudice — Sue Birtwistle & Susie Conklin
16. 16. Lakeland Footsteps of William Wordsworth — Lindsay Porter
17. 17. Walker's Companion - Lake District — Colin Shelbouorn
18. 18. Beatrix Potter — The Pitkin Guide

Milton Keynes UK
Ingram Content Group UK Ltd.
UKHW051528221024
449759UK00025B/92

9 798891 005754